世界の
美しい劇場を
1冊で巡る旅

A journey through beautiful theaters
around the world in one book

X-Knowledge

Contents

Part 3 アメリカ・中南米・オセアニアの劇場

Part 4 アジアの劇場

本文／宮田文朗

装丁・デザイン／chichols（チコルズ）

DTP／竹下隆雄

地図制作／古賀陽子

印刷／シナノ書籍印刷

本書は2015年1月に刊行された書籍『世界で一番美しい劇場』を
大幅に増補改訂し、再編集したものです。

フランス・ドイツ・イタリア・オーストリアの劇場

Opera House

ガルニエ宮

（フランス／パリ）

花の都が世界に誇る
豪華絢爛な歌劇場

竪琴をモチーフにした装飾やシャガールの天井画が魅力

現在のパリ国立オペラは1669年に音楽アカデミーとして創立されて以降、公演場所を何度も変更してきた。その13代目の劇場として1875年に完成し、オペラ座という別名でも親しまれてきたのがガルニエ宮だ。シャルル・ガルニエが設計したネオ・バロック様式の建物は、世界中の数あるオペラハウスのなかでも豪華絢爛なことで知られている。屋

外の屋根の上には黄金の竪琴を掲げるアポロンの像が立ち、館内の装飾も竪琴をモチーフにしたものが多い。資材には当時の最先端だった鉄骨を用いることで、広々とした空間を持つ客席を実現。また、客席の上に広がる天井画も見どころのひとつで、きらびやかな装飾に囲まれて、シャガールが描いた淡い色彩の「夢の花束」が飾られている。

馬蹄型で5層になった客席は重厚感ある造り

左／見事な装飾の柱や天井画が並び、まるで宮殿のような廊下
上／見るものを圧倒する大階段には数十種類の大理石が用いられている

正面には「調和・詩」と題された2対の金色の像が輝く

▍▍ *Palais Garnier*

ショセ・ダンタン・
ラ・ファイエット駅

ガルニエ宮

オペラ駅

◆ 住所　8 Rue Scribe, 75009 Paris
◆ 設立　1875年／収容人数 1,979席
◆ アクセス　地下鉄オペラ駅からすぐ

◆ 豆知識
ミュージカルや映画も知られるガ
ストン・ルルーの小説「オペラ座
の怪人」（1903年発表）。その舞
台となっているのがガルニエ宮
だ。この小説は、劇場に幽霊がい
るという伝承にインスパイアされ
て書かれたものだが、現在、ガル
ニエ宮の屋上にいるのが、幽霊で
はなくミツバチだ。その蜂蜜は
フォション社によって売り出され、
ガルニエ宮のお土産として人気を
博している。また、劇場は1月1
日と5月1日を除いて通年見学す
ることができる。

Theater

コメディ・フランセーズ

（フランス／パリ）

世界最古の劇団の豪華で優雅なホームグラウンド

**フランス演劇界を
長年リードする劇場**

ルイ14世によって2つの劇団が統合されるかたちで1680年に設立されたコメディ・フランセーズは、継続する劇団として世界でもっとも長い伝統を誇る。その本拠地が、パレ・ロワイヤルに隣接し、立地からリシュリュー劇場とも呼ばれるこの建物だ。完成したのはフランス革命まっただ中の1790年。劇団の本拠地だったオデオン座が火災に逢った1799年から本拠地となった。以来、デュマやユーゴーらの数々の名作が初演されるなど、フランスを代表する劇場として注目を浴び続けている。その外観は地味なものだが、館内は対照的に豪華そのもの。客席の金の装飾が施されたバルコニーや赤で統一された椅子や壁布など、歴史ある劇団の本拠地らしく、優雅な雰囲気に満ちあふれている。

上／階によってそれぞれ装飾が異なるバルコニー
左／1900年の火災後すぐに再建された存在感のある建物

▌▌ *La Comédie-Française*

◆ 住所 1 Place Colette, 75001 Paris
◆ 設立 1790年／収容人数 862席
◆ アクセス 地下鉄パレ・ロワイヤル・ミュゼ・デュ・ルーブル駅からすぐ

◆ 豆知識
この劇場はモリエールの家という別名も持っている。モリエールは17
世紀中盤に活躍した喜劇作家。コメディ・フランセーズは彼が率い
ていた劇団の流れを汲み、その作品を数多く上演してきた。劇場に
は、公演中に倒れて帰らぬ人となった彼がその舞台で腰かけていた
椅子が展示されている。演劇や豪華な内装とともに、朽ちかけた姿
が歴史を物語るこの椅子も目に焼き付けたいところだ。

オデオン座
（フランス／パリ）

時代が移り変わるなか
活躍し続ける名劇場

**オープン時には
マリー・アントワネットも臨席**

ギリシャ神殿のような威厳ある外観を
持つ新古典主義建築の国立劇場。
シュルレアリスムの代表的な画家であ
るアンドレ・マッソンが描いた抽象的
な天井画が客席を見守っている。その
歴史は1782年に始まり、マリー・ア
ントワネット臨席のもとコメディ・フ
ランセーズのための王立劇場フランス
座としてオープン。その後、1799年
と1818年の2度焼失し、現在の劇場
は1819年に再建されたものだ。1968
年に起こった五月革命の際には学生達
に占拠されるなど国内情勢の影響を受
けたり、名称や管轄が様々な理由で幾
度も変更されたりもした。しかし、劇
場の歴史に終止符が打たれることはな
く、ヨーロッパ各国の演劇を上演する
劇場として今も活躍している。

上／歴史の波に揉まれた
なかで、その装飾は変わ
らぬ美しさを誇る
左／アンドレ・マッソン
による天井画は1965年
に描かれたもの

▮▮ *Odéon-Théâtre de l'Europe*

◆ 住所 Place de l'Odéon, 75006 Paris
◆ 設立 1782年／収容人数 800席
◆ アクセス 地下鉄オデオン駅から徒歩約5分

◆ 豆知識
映画「天井桟敷の人々」でも知られる名優ジャン＝ル
イ・バロー。彼が妻と率いた劇団は、1959年からオデ
オン座（当時はフランス劇場）を本拠地として活動し
ていた。1968年に占拠された責任を問われ劇場を追わ
れたが、現在、劇場内にはバロー夫妻のコレクションや
劇場の資料を揃えたジャン＝ルイ・バロー・ライブラ
リーがあり、平日に予約制で開放されている。

シャトレ座
（フランス／パリ）

素晴らしい音響で多目的に使われる大劇場

ボーカロイドの
オペラ公演も話題に

パリの中心部を流れるセーヌ川の岸辺、シャトレ広場の隣にこの劇場が完成したのは1862年のこと。当時のパリで最大級だった広々とした客席は赤と金を基調にしたもので、ガラスのドーム屋根や木枠の椅子を用いることで優れた音響効果を生み出している。その歴史は華々しく、コンセール・コロンヌ管弦楽団が本拠としていた19世紀後半から20世紀はじめにはチャイコフスキーやドビュッシーらが指揮者として自作を披露。1909年にはモダンバレエの礎を築いたバレエ・リュス（ロシア・バレエ団）の旗揚げ公演の場ともなった。現在でもミュージカルを中心に様々なジャンルの公演が実施されており、2013年には日本のボーカロイド・初音ミクによる主演オペラが催され、注目を集めた。

‖ *Théâtre du Châtelet*

ポン・ヌフ駅　　シャトレ駅

ヌフ橋　　　シャトレ座

コンシェルジュリー

- 住所　1 Place du Châtelet, 75001 Paris
- 設立　1862年／収容人数　2,010人
- アクセス　地下鉄シャトレ駅からすぐ

- 豆知識

シャトレ座は、当時の県知事らが主導したパリ改造計画の一環として建設された。この際、シャトレ広場を挟んだ場所にもうひとつ劇場が建設されている。現在、コンテンポラリー・ダンスの殿堂的存在として知られるパリ市立劇場で、同じ人物が設計したその外観はシャトレ座とうりふたつ。セーヌ川の向こう岸からは、巨大な歴史ある劇場が2つ並ぶ壮観な景色を楽しめる。

Opera House

ザクセン州立歌劇場

（ドイツ／ドレスデン）

ワーグナーも指揮した
ドイツを代表する名劇場

専属の管弦楽団は世界有数の伝統を持つ

ザクセン州の州都・ドレスデンにある新古典主義建築の歌劇場で、ゼンパー・オーパーという通称で呼ばれている。その歴史は、ドレスデンを首都にしていたザクセン王国の宮廷歌劇場として建てられた1841年まで遡る。ゴットフリート・ゼンパーが設計を手がけたこの初代劇場は1869年に火災で焼失。再びゼンパーが設計を担当して1878年に復活したもの

の、この建物も第二次世界大戦のドレスデン爆撃で再び失われてしまう。その後、1985年にようやく復元され、1990年の東西ドイツ統一後は、ザクセン州立の歌劇場となった。また、劇場専属の管弦楽団シュターツカペレ・ドレスデンも人気で、19世紀中盤にはワーグナーが指揮者を務めており、彼のいくつかの作品の初演の地にもなっている。

広場に面した劇場の入口にはゲーテとシラーの像が置かれている

豪華なシャンデリアを囲むように天井画が並ぶ

ステージにかかる優雅な緞帳（どんちょう）もこの劇場の見どころ

廊下の天井や柱も見事な装飾が施されている

Semperoper Dresden

ドレスデン・ミッテ駅

ザクセン州立歌劇場

シアター広場停留所

ツヴィンガー
宮殿

- ◆ 住所　Theaterplatz 2, 01067 Dresden
- ◆ 設立　1841年／収容人数 1,300席
- ◆ アクセス　路面電車シアター広場停留所からすぐ

◆ 豆知識
劇場専属の管弦楽団であるシュターツカペレ・ドレスデンの歴史は劇場よりはるかに古く、1548年に創立された。ワーグナーが指揮者を務めていたのは、劇場完成後の1843年から1848年で、彼の「さまよえるオランダ人」（1843年）や「タンホイザー」（1845年）が初演された。また、ドイツ後期ロマン派を代表するリヒャルト・シュトラウスとの繋がりも深く、「サロメ」（1905年）をはじめ、彼のオペラ作品の多くがこの地で初演されている。

バイロイト
辺境伯歌劇場
（ドイツ／バイロイト）

4世紀にもわたり
人々を魅了する
世界遺産の劇場

完成当時と変わらぬ姿で
訪れる人々を今なお惹き付ける

18世紀中盤に現在のバイエルン州に
ある街・バイロイトに建てられた木造
のオペラハウスで、現存する欧州最古
のバロック様式の劇場でもある。完成
当時の姿をほぼ残しており、2012年
には世界遺産にも登録された。建物が
完成したのは1750年だが、建設を指
示したバイロイト辺境伯夫人の娘・エ
リーザベトの結婚式に合わせ、最初の
公演は1747年に開かれている。その
内装は宮廷建築家で舞台芸術家でも
あったジュゼッペ・ガッリ・ビビエー
ナとその息子カルロが手がけたもの。
バルコニーの豪華な彫刻や天井画をは
じめとした色鮮やかな絵画などが、4
つの世紀にまたがって来場者を魅了し
続けている。なお、現在は改修工事の
ために閉館されており、再開は2016
年に予定されている。

上／きらびやかな装飾に
包まれた劇場はバロック
建築の傑作ともいわれる
下／完成当時から変わら
ぬ姿の劇場が陽射しに映
える

🇩🇪 *Markgräfliches Opernhaus*

🚆 バイロイト駅

📍 バイロイト辺境伯歌劇場

◆ 住所 Opernstraße 14, 95444 Bayreuth
◆ 設立 1750年／収容人数 487席
◆ アクセス 鉄道バイロイト駅から徒歩約10分

◆ 豆知識
バイロイトには、もうひとつ著名な歌劇場がある。ワー
グナーが自身のオペラ作品を上演するために建設し、
1876年に完成したバイロイト祝祭劇場だ。実はワーグ
ナーは、上演にふさわしい劇場を探し求めて1871年に
バイロイト辺境伯歌劇場を訪れている。結局は新劇場
を建てることになったが、この訪問がきっかけとなって、
バイロイトの地が選ばれたといわれている。

ヘッセン州立劇場

（ドイツ／ヴィースバーデン）

ロココ調のロビーの優雅さに思わず息をのむ

優雅な天井画が美しい温泉の街の歌劇場

ヨーロッパの代表的な温泉地であるヘッセン州の州都・ヴィースバーデン。街の中心部には19世紀中盤から20世紀始めの建物が多く残っており、ヘッセン州立劇場もそのひとつだ。完成したのは1894年で、保養のために街を度々訪れていたドイツ皇帝ヴィルヘルム2世によって、ネオ・バロック様式の劇場が建てられた。その2年後には、現在も開かれているヴィースバーデン5月音楽祭の第1回が催されている。さらに、1902年にはロココ調のロビーがしつらえられ、より華やかになった。鮮やかな天井画や金色の装飾による優雅な空間で、劇場内とともに今も人々を魅了している。また、芝生の広場ボーリング・グリーンに面して純白の長い柱廊（コロネード）があり、こちらも見どころだ。

Hessischen Staatstheater Wiesbaden

ヘッセン州立劇場
ヴィースバーデン市庁舎

ヴィースバーデン駅

◆ 住所　Christian-Zais-Straße 3, 65189 Wiesbaden
◆ 設立　1894年／収容人数　1,041席
◆ アクセス　鉄道ヴィースバーデン駅からバスで約7分

◆ 豆知識

ヴィースバーデン5月音楽祭は、2度の大戦による中断もあったが、1950年以降は毎年開かれている。旧西ドイツ時代には東ドイツや東欧諸国から出演者を積極的に招くなど、文化交流の場でもあった。現在は欧州をはじめ各国のオペラカンパニーや劇団が集い、オペラ、バレエ、ミュージカル、演劇など多岐にわたる公演を実施。世界でも有数の音楽祭として知られている。

下／客席を覆うように天井画と装飾が広がる劇場内
右／天井画などによる優雅さについ目を奪われてしまうロビー

ギュータースロー劇場

（ドイツ／ギュータースロー）

白い外観も印象的な
観劇のしやすさ抜群の劇場

**最上階には眺めのいい
スカイロビーも設置**

立方体の建物の正面全体がガラス
張り、側面が真っ白にペイントされ
た外観で、ホワイトキューブの別名
も持つ劇場。ドイツ西部にある工業
都市ギュータースローの市立劇場
で、安全上の理由で閉鎖された旧劇
場を建て替え、2010年にオープン
した。館内のロビーや螺旋階段は外
観同様に白を基調にしており、宙に
浮いているかのように見える劇場
ホールの周囲も純白。あふれんばか
りの白がインパクトとともに、開放
感をもたらしている。シックな内装
に真っ赤な客席が映える劇場内はス
テージから最後方の席までの距離が
25メートルと近く、どこからでも見
やすいのが特色だ。最上階には400
平米のスカイロビーがあり、ギュー
タースローの眺めを楽しめる。

どの席からも臨場感あふれるステージを堪能できる

音響のための反射板もシックな雰囲気を醸す

螺旋階段ひとつをとってもデザイン性に富んだ造りに

ガラス張りの正面から白い館内が透ける

■ *Theater Gütersloh*

◆ 住所　Barkeystraße 15, 33330 Gütersloh
◆ 設立　2010年／収容人数 530席 (シアターホール)
◆ アクセス　鉄道ギュータースロー駅からタク
シー等で約5分

◆ 豆知識
俳優のジョン・マルコビッチや
ピアニストのラン・ランら、世
界的なスターも出演したシア
ターホールに加え、建物横の
宙に浮いた部分にはスタジオ
ステージも設けられている。ま
た、劇場の建物は市役所に隣
接しており、すぐ目の前には
1888年に建設された水道塔が
建つ。建設の際にはその景観
を考慮し、高さが抑えられた。
大小2つの舞台で繰り広げら
れる公演とともに、歴史のある
水道塔と白が印象的な新しい
劇場が並ぶ姿も見ものだ。

ノイエ・フローラ劇場

（ドイツ／ハンブルク）

ドイツ最大級の
ミュージカルスポット

「オペラ座の怪人」で幕開け

1990年に完成したドイツ国内最大級の劇場で、ミュージカルを中心に大規模なショーを上演している。劇場の名前になっているノイエ・フローラとは新しい花という意味で、これはかつてハンブルクの街にフローラ劇場があったことに由来する。この劇場はそもそもアンドリュー・ロイド・ウェバーによる人気ミュージカル「オペラ座の怪人」を上演するために誕生。同作品は1990年から2001年まで計4,400回上演され、700万人もの観客を魅了した。今日では街のランドマーク的存在となっている建物は、現代的なデザインであると同時に、倉庫街などハンブルクの街に多く見られる赤煉瓦を使用しているのが特徴だ。1,800人以上を収容する客席は古典的な扇形の配置で、館内には巨大なロビーやレストランも設けられている。

Theater Neue Flora

◆ 住所　Stresemannstraße 163, 22769 Hamburg
◆ 設立　1990年／収容人数　1,850席
◆ アクセス　鉄道ホルシュテンシュトラーセ駅からすぐ

◆ 豆知識

もともと、新劇場はかつてのフローラ劇場の建物を改装して造られる予定だった。しかし、ファサードを残して取り壊したあとで、反対するアナキスト活動家らが占拠したため、建設を断念。別の場所にノイエ・フローラ劇場が建設されることになった。フローラ劇場は文化センターになった1989年以降も長年占拠され「ローテ・フローラ」（赤い花）と呼ばれることになる。

左／看板の上に大きくせり出した屋根も特徴だ
下／巨大なステージの両脇には豪華な彫刻も

ベルリン・コンツェルトハウス

（ドイツ／ベルリン）

大戦で損壊した劇場が音楽ホールに転身

■ *Konzerthaus Berlin*

◆ 住所　Gendarmenmarkt, 10117 Berlin
◆ 設立　1821年／収容人数　1,412席（大ホール）
◆ アクセス　地下鉄ハウスフォーグタイ広場駅からすぐ

◆ 豆知識

ベルリンの壁崩壊記念コンサートは、1989年12月25日に開かれた。翌年その生涯に幕を閉じたレナード・バーンスタインの指揮のもと、ベートーベンの第九を披露。東西ドイツとソ連、米英仏の6つの楽団で構成されたオーケストラが演奏し、歌詞の「歓喜」が「自由」に置き換えられて歌われた。歴史的公演として知られ、その模様を収録したCDなども販売されている。

ベルリンの壁崩壊を記念したコンサートの会場に

欧州でも指折りの美しい広場であるジャンダルメンマルクトにあり、1989年にベルリンの壁崩壊記念コンサートが行われた会場としても知られる。その歴史は、焼失した国立劇場の跡地に新劇場を建設し、劇場を意味するシャウシュピール・ハウスの名で1821年にオープンしたことに始まる。18世紀を代表する建築家のカール・フリードリッヒ・シンケルが設計した新古典主義の劇場は、第二次世界大戦で損壊。約40年の月日を経て、旧東ドイツ時代の1984年にようやく再建された。外観は残存した外壁なども活かして忠実に再現。一方で、当時、街に劇場はあったものの音楽施設がなかったため、館内は音楽ホールに転身することに。ベルリン交響楽団（当時）の本拠地として再出発し、1994年には名称も音楽施設らしいものになった。

右／勇壮な外観は数々の像も含め、かつての姿を忠実に再現している
下／シューボックス型のコンサートホールは1984年に完成したもの

ベルリン・フィルハーモニー

〈ドイツ／ベルリン〉

ヴィンヤード型の
先駆けとなった大型ホール

上／当初は音響に難があったが、音響版の設置などで改善が計られている
左／1963年完成の大ホールと1987年完成の室内楽ホールが並ぶように建つ

世界屈指の人気を誇る
管弦楽団の本拠地

1882年に創立され、20世紀中盤からはカラヤンが終身の常任指揮者として率いて世界でも屈指の人気を獲得したベルリン・フィルハーモニー管弦楽団。第二次世界大戦で本拠地を失った同楽団の新たな本拠地として1963年にオープンしたのがこのホールだ。鮮やかな金色が目を引く巨大なテントのような外観で、その内部は、世界最初のヴィンヤード型音楽ホールとしても知られている。シューボックス型と比べ大人数を収容でき、ステージを段々畑のように囲む客席はどこからでも臨場感のある演奏を楽しめるのが特徴で、完成以来、ベルリンの音楽の中心地としての役割を担っている。1987年には、隣接した場所に室内楽ホールが完成。外観デザインは従来のホールを踏襲し、兄弟のような姿をしている。

■ Berliner Philharmonie

ティーアガルテン

ベルリン・フィルハーモニー

ポツダム広場駅

ベルリン国立図書館

◆ 住所　Herbert-von-Karajan-Straße 1, 10785 Berlin
◆ 設立　1963年／収容人数　2,440席（大ホール）
◆ アクセス　地下鉄ポツダム広場駅から徒歩約5分

◆ 豆知識
大ホールのホワイエでは、9月から翌年6月にかけての毎週火曜日にランチコンサートが催されている。この取り組みは2007年から始まったもので、ベルリン・フィルハーモニーのメンバーらによる上質な演奏を40〜50分、食事代のみで気軽に鑑賞できる。なお、毎回1,500人が上限となっている。また、ガイドツアーもあり、こちらは7月・8月を除いてほぼ毎日実施されている。

ドルトムント・コンツェルトハウス

（ドイツ／ドルトムント）

優れた音響と視覚効果で楽しみは2倍に

ステージに合わせ
ムードを変える演出も

人口約60万人の都市・ドルトムントの中心部に建てられた音楽施設。シューボックス型の大ホールは、白やクリーム色の壁と、星空のように照明が配された黒い天井に囲まれている。ステージ上には木材でできた12の帆が吊り下げられ、メープル寄せ木の床や丸みを帯びた石膏の壁などとともに、優れた音響効果に貢献している。また、照明の変化によってホールの色を変え、異なるムードを演出。クラシック、ジャズ、ポップスなどステージの内容と調和した視覚効果も楽しめる造りになっている。ガラスとスチールで覆われたモダンな印象の外壁も同様で、埋め込まれたコンピュータ制御の蛍光管が赤、緑、青などに変化。公演や天候、時間などによって様々な表情を見せてくれる。

上／明るい壁面に囲まれたホール
の天井には照明が星のように輝く
右下／ホール内も照明の変化で
ムードが一変する
左下／様々な色に変化する外壁が
遊び心を感じさせる

🇩🇪 Konzerthaus Dortmund

◆ 住所　Brückstraße 21, 44135 Dortmund
◆ 設立　2002年／収容人数　1,550席
◆ アクセス　鉄道ドルトムント中央駅から徒歩約7分

◆ 豆知識
ドルトムントの街には、翼の生えたサイのオブジェ
が至る所に設置されている。実はこの翼の生えたサ
イは、ドルトムント・コンツェルトハウスのマスコッ
ト的な存在で、そのエンブレムにも起用されている。
なぜサイかというとその聴覚が発達していることに
由来しており、もちろん、施設内にもオブジェを設
置。カラフルな姿が訪れた人を和ませている。

ドルトムント中央駅

ドルトムント・
コンツェルトハウス

カンプ通り駅

スカラ座
イタリア／ミラノ

数々の名作が初演された
イタリア・オペラの総本山

シンプルな外観の中に優雅な世界が広がる

オペラ発祥の地・イタリアのなかでも総本山と呼ばれる由緒ある歌劇場で、1778年の開場以来、数々の作品の初演の場となってきた。スカラ座という名称は、かつてこの場にサンタ・マリア・アラ・スカラ教会があったことに由来する。新古典主義の建物で、レオナルド・ダ・ヴィンチの像が立つスカラ座広場から眺める外観は地味だが、館内へ入るとその印象は一変。大理石の柱やきらびやかなシャンデリアなど優雅な世界が広がる。客席は馬蹄型で、バルコニーの5階と6階には天井桟敷を設置。他の席より安価で楽しめるとともに、スカラ座の観客のなかでも、目の肥えた人達が集うことで知られている。シーズンは毎年12月7日、ミラノの守護聖人・聖アンブロジウスの日に始まるのが伝統だ。

平土間席を見事な装飾のバルコニーが取り囲む様は圧巻のひとこと

左／至るところで目にする豪華絢爛な装飾も魅力的だ
上／椅子や壁の赤色に黄金色の細やかな装飾が映える

第二次世界大戦で被害を受けたが、1946年に再建された

▌▌ *Teatro alla Scala*

◆ 住所　Via Filodrammatici 2, 20121 Milano
◆ 設立　1778年／収容人数　2,800席
◆ アクセス　地下鉄ドゥオーモ駅から徒歩約5分

◆ 豆知識

ジョアキーノ・ロッシーニの「イタリアのトルコ人」（1814年）、ジュゼッペ・ヴェルディの「ナブッコ」（1842年）や「ファルスタッフ」（1893年）、ジャコモ・プッチーニの「蝶々夫人」（1904年）など、オペラ史上に残る名作の初演の場となっているスカラ座。館内にはその輝かしい歴史に触れられる博物館も併設しており、楽譜や楽器、衣裳などが展示されている。年間数日ある休館日以外は、劇場内を見学することも可能だ。

Opera House

フェニーチェ劇場

（イタリア／ベネチア）

かつての美しさを
今なお伝える
水の都の名劇場

**ネオ・バロック様式の
美しい劇場を細部まで復元**

水の都として知られるベネチアは、1637年に世界で始めて一般市民に開放されたサン・カッシアーノ劇場が誕生するなど、古くからオペラと縁の深い街でもある。この街にイタリア語で不死鳥を意味するフェニーチェ劇場がオープンしたのは1792年のことで、それ以来、イタリアの主要な歌劇場としての役割を担ってきた。ネオ・バロック様式の建物は、1836年と1996年の2度、火災によって焼失。しかし、不死鳥の名の通り、そのたびに建て直されてきた。現在の劇場は「もとあった場所にもとのように」をテーマに、2003年に復活したもの。以前の写真資料などをもとに、天使が描かれた天井画やバルコニーの金色の装飾など焼失前の姿が細部まで復元され、その美しさで再び人々を魅了している。

上／天使が舞う天井画の下に、客席が広がる華やかな劇場
下／外観はシンプルで、エントランスには不死鳥のエンブレムが飾られている

▌ *Teatro La Fenice*

フェニーチェ劇場

S.マリア・デル・ジグリオ停留所

◆ 住所　Campo San Fantin, 1965, 30124 Venezia
◆ 設立　1792年／収容人数　1,000席
◆ アクセス　水上バスS.マリア・デル・ジグリオ停留所から徒歩約5分

◆ 豆知識
フェニーチェ劇場は様々な名作が初演されてきたことでも知られている。初代劇場ではジョアキーノ・ロッシーニの「タンクレディ」（1813年）、2代目劇場ではガエターノ・ドニゼッティの「ルデンツ家のマリア」（1838年）やジュゼッペ・ヴェルディの「椿姫」（1853年）などがある。また、現在は国際美術展覧会・ベネチア・ビエンナーレの一環で開かれる国際音楽祭の会場にもなっている。

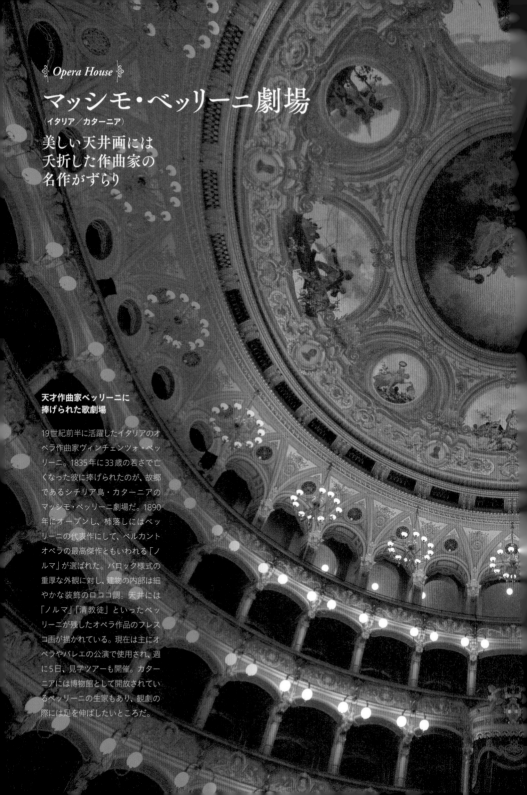

Opera House

マッシモ・ベッリーニ劇場

〈イタリア／カターニア〉

美しい天井画には
夭折した作曲家の
名作がずらり

**天才作曲家ベッリーニに
捧げられた歌劇場**

19世紀前半に活躍したイタリアのオペラ作曲家ヴィンチェンツォ・ベッリーニ。1835年に33歳の若さで亡くなった彼に捧げられたのが、故郷であるシチリア島・カターニアのマッシモ・ベッリーニ劇場だ。1890年にオープンし、柿落しにはベッリーニの代表作にして、ベルカントオペラの最高傑作ともいわれる「ノルマ」が選ばれた。バロック様式の重厚な外観に対し、建物の内部は細やかな装飾のロココ調。天井には「ノルマ」「清教徒」といったベッリーニが残したオペラ作品のフレスコ画が描かれている。現在は主にオペラやバレエの公演で使用され、週に5日、見学ツアーも開催。カターニアには博物館として開放されているベッリーニの生家もあり、観劇の際には足を伸ばしたいところだ。

天井画にはベッリーニの代表作の数々が描かれている

左／建物自体がまるで芸術作品のような美しい館内
上／劇場前の噴水がある広場もベッリーニの名が冠されている

外観はバロック様式で荘厳な佇まい

▌▌ *Teatro Massimo Bellini*

◆ 住所　Via Giuseppe Perrotta, 12, 95131
Catania
◆ 設立　1890年／収容人数　1,300席
◆ アクセス　鉄道カターニア・セントラル駅から
タクシー等で約5分

◆ 豆知識

ヴィンチェンツォ・ベッリーニの代表作「ノルマ」は20世紀最高のソプラノ歌手といわれるマリア・カラスが十八番としていたことでも知られている。また、カラスとマッシモ・ベッリーニ劇場との縁も深く、1949年には同劇場で「清教徒」の公演に代役で急遽出演。短い準備期間にもかかわらず完璧に歌い上げ、名声を高めた。その2年後には、ベッリーニの生誕150周年を記念して、この地で「ノルマ」を披露。現在、劇場のすぐそばの通りは、マリア・カラス通りと名付けられている。

❧ *Opera House* ❧

ウィーン
国立歌劇場
（オーストリア／ウィーン）

宮廷歌劇場として
誕生した
音楽の都の社交場

ドイツ語、イタリア語
双方のオペラを上演

優雅な舞踏会が開かれることでも知ら
れているウィーンの歌劇場。ウィーン
帝立・王立宮廷歌劇場として誕生し
たのは1869年。当時のウィーンはドイ
ツから北イタリアにかけて支配して
いたハプスブルク帝国（オーストリア＝
ハンガリー帝国）の首都だったことから、
ドイツ・オペラ、イタリア・オペラと
もに上演されてきた歴史を持つ。ネ
オ・ルネッサンス様式の建物は、第二
次世界大戦で爆撃を浴び、ファサード
など一部を残して損壊したが、1955
年に復興を果たした。重厚感ある外観
で、劇場内は赤・金・アイボリーの3
色で統一。天井には3トンのクリスタ
ルガラスの照明が据えられている。ま
た、専属オーケストラのウィーン国立
歌劇場管弦楽団は、ウィーン・フィル
ハーモニー管弦楽団の母体でもある。

上／夜間ライトアップ
される建物正面のロッ
ジャには銅像が並ぶ
下／洗練されたデザイ
ンの客席は6層で立ち
見スペースもある

Vienna State Opera

ブルクガルテン

ウィーン国立歌劇場

カールス広場駅

◆ 住所　Opernring 2, 1010 Wien
◆ 設立　1869年／収容人数　1,709席
◆ アクセス　地下鉄カールス広場駅から徒歩約3分

◆ 豆知識

この歌劇場を舞台にした名物イベントが、毎年2月に開かれる舞踏会「オーパンバル」だ。ウィーン各地で開かれる数多くの舞踏会のなかでも最高峰のもので、オーストリアの大統領や世界各地から集まる貴賓や著名人を含め、約6,000人が参加。社交界デビューする若者たちを主役に、オペラハウスの客席がダンスフロアとなって、華やかな宴が長時間続く。

Theater

ブルク劇場
（オーストリア／ウィーン）

ドイツ語圏を牽引する演劇の殿堂

外観は翼を広げた鷲をイメージ

この劇場の始まりは1741年。ハプスブルク家の女帝マリア・テレジアが宮廷に隣接するホールを劇場として利用するのを許可したのがきっかけだ。その後、1776年にはヨーゼフ2世によってドイツ国民劇場とされ、専属の劇団とともにドイツ語圏の演劇界の中心的な役割を担うことになる。以後、今日に至るまで古典劇をメインに上演し、人々を魅了している。現在の場所に劇場が移転したのは1888年。同年に完成した建物の外観は、ハプスブルク家の紋章である鷲が翼を広げた姿をイメージしている。館内の数々の装飾画は、象徴主義を代表する画家グスタフ・クリムトらが手がけ、1886年から1888年に制作された。建物は第二次世界大戦の爆撃で大破し、火災にも逢ったが、大階段の天井画などは無事で、1955年に再建されている。

= *Burgtheater Vienna*

◆ 住所　Universitätsring 2, 1010 Wien
◆ 設立　1888年／収容人数　1,175席
◆ アクセス　地下鉄ラートハウス駅から徒歩約5分

◆ 豆知識

初代のブルク劇場が皇帝ヨーゼフ2世によってドイツ国民劇場となった時代に活躍したのがモーツァルトだ。皇帝の依頼を受けて作ったドイツ語オペラ「後宮からの誘拐」は1782年にこの劇場で初演されて成功をおさめた。さらに、「フィガロの結婚」（1786年）や「コジ・ファン・トゥッテ」（1790年）といったイタリア語のオペラも初演されている。

右／若きクリムトによる大階段の天井画は様々な劇場を描いたもの
下／白や赤を基調にすっきりとしたなかにも優雅さを感じさせる造り

Concert hall

ウィーン楽友協会

〔オーストリア／ウィーン〕

黄金色の豪華な装飾が音とともに人々を魅了

世界に知られるウィーン・フィルのニューイヤーコンサートも開催

1812年、音楽愛好家らによって設立されたウィーン楽友協会は、世界的な楽団の創立など、長年にわたって音楽の都に多大な貢献をしている団体だ。その本部があり、同じウィーン楽友協会の名で呼ばれるのが、この建物。以前の建物が手狭になったことなどから1870年に新たな場所に築かれた、ギリシャ風ルネサンス様式の建物で、そのメインホール

は黄金ホールという異名を持つ。音響効果が高く評価されるとともに、アポロンやミューズが描かれた黄金の天井、カリアティードが並ぶ壁面、華やかなシャンデリアなど、豪華絢爛な内装が人々を魅了している。ウィーン・フィルハーモニー管弦楽団の本拠地でもあり、全世界へ生中継されるニューイヤーコンサートの会場としても名を馳せている。

ボックス型のホールは完成当時の姿を残す貴重なもの

左／見事な装飾のなかに絵画が飾られた天井もこのホールの見もの
上／ホール以外のスペースも金箔を貼った装飾が目を楽しませてくれる

歴史的建築が数多くあるリンク大通りに面して建つ

≡ *Wiener Musikverein*

◆ 住所　Musikvereinsplatz 1, 1010 Wien
◆ 設立　1870年／収容人数　1,744人席（大ホール）
◆ アクセス　地下鉄カールス広場駅から徒歩約5分

◆ 豆知識

オープン時から使用されている宝石箱のような小ホールには、19世紀後半に活躍したブラームスの名が冠され、その胸像が設置されている。楽友協会のメンバーでもあった彼は、協会によるコンサートで指揮者を務めるとともに、小ホールで自身の作品を発表していた。その功績をたたえ、1937年に小ホールの名称がブラームスホールに変更された。また、館内には1994年に室内楽専用ホールが完成、2004年には地下に4つのホールが加えられている。

18世紀に劇団監督だった人物の名をとって、サル・ファヴァールという別名も

オペラ＝コミック座

（フランス／パリ）

◆ 住所　1 Place Boieldieu, 75002 Paris
◆ 設立　1783年
◆ 収容人数　1,248席

オペラの名作「カルメン」の初演は意外にも不評だった!?

　2005年から国立の劇場となっているオペラ＝コミック座。同名の劇団は、2014 − 15年シーズンに設立300周年を迎えている。その歴史は、いわゆるオペラ（歌劇）とは違い、フランス語の歌と「セリフ」が混ざったオペラ・コミックというジャンルの発展とともにあった。

　定期市の芝居小屋で、流行歌や踊りを織り交ぜた喜劇を上演していたいくつかの劇団の統合によって、オペラ＝コミック座が誕生したのは1714年のこと。当時、民間の劇団は公演内容が制限され、旗揚げ公演のために同劇団はオペラ＝コミック座を名乗る権利や、歌とセリフによる喜劇の上演権などをオペラ座から購入しなければならなかった。以降、オペラ座からの圧力で公演できない時期もあったものの、徐々にオペラ・コミックのジャンルを確立、幅広い階層からの人気を獲得していった。

　設立当初は、既存の楽曲を使っていたが、18世紀中盤にはオリジナルの楽曲が作られ始める。内容も18世紀末には喜劇やパロディに限らず、悲劇や英雄ものへも幅を広げ、通常のオペラとの差異はセリフの有無のみとなっ

ていく。1875年には、オペラの名作として名高いジョルジュ・ビゼーの悲劇「カルメン」を初演。これは同劇団による数々の初演作品のなかでも代表的なものだが、発表当初はオペラ・コミック形式での演目だった。衝撃的な内容もあってかオペラ・コミック版「カルメン」の評価は今ひとつだったといわれる。しかし、ビゼーの死後、彼の友人の手で通常のオペラにアレンジされ、絶大な人気を得ることに。その結果、フランス・オペラの代表作として今日まで、長きにわたり演じられ続け、オペラ・コミック版も正当な評価を得るに至っている。

　そんな歴史を持つ同劇団の公演場所は時代とともに変わり、1762年にイタリア人劇団と合併した際に定期市から常設劇場へ移転。1783年には現在の場所に自前の劇場を建設した。以来、ほとんどの期間でこの場を本拠地とし、現在の建物は2度の焼失を経て1898年に完成したものだ。その館内は壁面や天井を鮮やかな絵画が覆うロビー、プロセニアム・アーチや天井に天使の彫刻が舞う劇場内など、優雅な雰囲気に満ちている。

Part 2

イギリス・北欧・スペイン ほか の劇場

ロイヤル・アルバート・ホール
（イギリス／ロンドン）
赤煉瓦の劇場は英音楽界の殿堂的存在

ビートルズやボブ・ディランら
数々の大物がステージを踏む

赤煉瓦造りの威風堂々とした外観のホール。オープンしたのは1871年で、ヴィクトリア女王の夫・アルバート公に捧げられた。楕円形の建物はガラスと錬鉄のドーム屋根で覆われ、外周には「芸術と科学の勝利」を描いた16のモザイク作品が飾られている。様々な催しに用いられており、毎年夏にはクラシックコンサートシリーズ・BBCプロムスが約2ヶ月開かれるなど、イギリス音楽界における殿堂的な存在でもある。ビートルズやレッド・ツェッペリン、ボブ・ディランらロックやポップスの数々の大物も会場を沸かせてきた。完成当初は問題があった音響も天井に円盤を設置するなどして改良が重ねられており、ライブ盤を出すアーティストも多い。

コロセウムのような劇場の中央は舞台になることもあれば、立ち見席になることも

左／天井にある多数の円盤は音響向上のためのもので、デザイン性も併せ持つ
上／赤煉瓦の外観とドーム屋根がこの劇場の歴史と風格を感じさせる

🇬🇧 *Royal Albert Hall*

ロイヤル・アルバート・ホール

王立音楽大学

サウス・ケンジントン駅

◆ 住所 Kensington Gore, London SW7 2AP
◆ 設立 1871年／収容人数 5,272席
◆ アクセス 地下鉄サウス・ケンジントン駅から
徒歩約15分

◆ 豆知識

この劇場と縁の深い人物にボ
ブ・ディランがいる。1966年、
エレキギターを導入した彼に客
席から「ユダ」という野次が飛
ぶ。歴史的事件とされるこの出
来事はマンチェスターの会場で
起こったが、数日後のロイヤル・
アルバート・ホールでの公演と
して海賊盤が出回ることに。後
年この公演を収めたオフィシャ
ル盤が発売された際もタイトル
は「ロイヤル・アルバート・ホー
ル」となった。2013年には欧州
ツアーの締めくくりとして3日
間公演している。

Concert hall

クライド・オーディトリアム

（イギリス／グラスゴー）

アルマジロの形をした巨大施設

🏴 Clyde Auditorium

ユニークな外観は盛んだった造船業に由来

グラスゴーを代表する現代建築、クライド・オーディトリアム。クライド川沿いの埠頭跡地を利用した巨大複合施設SECCの一角に位置し、1997年に完成した。設計は、王立英国建築家協会のスターリング賞を2度受賞している英建築界の巨匠ノーマン・フォスター。建物はアルミニウムのシェルで覆われており、その容姿が類似しているため、アルマジロというニックネームが浸透している。もともとは船が連なった姿をイメージしたもので、これは周辺で造船業が盛んだったことに由来する。館内には約3,000人を収容できるホールがあり、音楽コンサートからスポーツまで、様々なイベントの会場として活躍。歌手スーザン・ボイルが発掘されたオーディション番組も、ここで収録されている。

◆ 住所　Exhibition Way, Glasgow G3 8YW
◆ 設立　1997年／収容人数　3,000席
◆ アクセス　鉄道エキシビション・センター駅から徒歩約5分

◆ 豆知識

SECCは、1985年に誕生した会議場やホテルなどが入るスコットランド最大の複合施設。2013年には、その敷地内に1万3,000人を収容するTHE SSE ハイドロ・アリーナが完成した。巨大なシルクハットのような外観で、夜間には建物全体が虹色に輝く。クライド・オーディトリアムと同じくノーマン・フォスターが設計したもので、ユニークな建築物が2つ並ぶ姿は実に見ものだ。

上／ダークな色調で統一された壁や天井と紫の椅子がマッチするホール内
左／ライトアップされる夜間は川辺に鎮座するその姿がよりインパクトを増す

セージ・ゲーツヘッド

（イギリス／ゲーツヘッド）

最高の音響を3つの
独立したホールで満喫

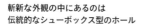

**斬新な外観の中にあるのは
伝統的なシューボックス型のホール**

イングランド北東部の街・ゲーツヘッドのタイン川沿いに、セージ・ゲーツヘッドはある。ミレニアム・ブリッジなどとともに周辺地域の開発プロジェクトの一環として建設され、多額を出資したタイン川対岸にあるニューカッスルの企業の名が付けられた。外観は斬新な姿で、夜になると外壁のガラス部分だけが館内の光で明るく浮かび上がり、対岸からは巨大なウェディングケーキが3つ並んだような景色を眺められる。一方で、館内のメインとなるホール1は、ウィーン楽友協会をモデルにした伝統的なシューボックス型。壁には木材が張り巡らされ、落ち着いた雰囲気だ。音響にこだわり、館内にある3つのホールは、互いの音が影響を及ぼさないようそれぞれ独立して建っている。

🏴󠁧󠁢󠁥󠁮󠁧󠁿 *Sage Gateshead*

セージ・ゲーツヘッド

ゲーフヘッド大学

🚇 ゲーツヘッド駅

◆ 住所　St Mary's Square, Gateshead Quays, Gateshead NE8 2JR
◆ 設立　2004年／収容人数　1,640席（ホール1）
◆ アクセス　地下鉄ゲーツヘッド駅から徒歩約10分

◆ 豆知識
セージ・ゲーツヘッドは、完成とともにイングランド北東部の代表的な楽団、ロイヤル・ノーザン・シンフォニアの新本拠地となった。この楽団は、イギリスで最初の常設室内楽団でもある。また、完成翌年からスタートしたのがゲーツヘッド国際ジャズフェスティバル。こちらはイギリス最大規模の室内ジャズイベントで、マニアから初心者まで楽しめる内容になっている。

上／天井パネルの昇降などによる音響の微調整で幅広い音楽に対応するホール1
左／ノーマン・フォスター設計のユニークな外観は夜になると幻想的な姿に

ウェックスフォード・オペラハウス

（アイルランド／ウェックスフォード）

上質な音響に包まれ、レアなオペラを楽しむ

Wexford Opera House

ウェックスフォード駅

ウェックスフォード・オペラハウス

◆ 住所　High Street,Wexford town, Co. Wexford
◆ 設立　2008年／収容人数　853席（オライリー・シアター）
◆ アクセス　鉄道ウェックスフォード駅から徒歩約5分

◆ 豆知識
現在、このオペラハウスを会場とする「ウェックスフォード・フェスティバル・オペラ」が始まったのは1951年。傑作とされながら上演機会に恵まれないレアな演目を次々と上演し、オペラファンから注目を集めてきた。その姿勢は現在も変わらず、2013年上演の「スウェーデン女王クリスティーナ」は翌年の国際オペラアワードで「Best Re- discovered Work Award」を受賞している。

毎年5月には
音楽祭を開催

アイルランドの南東部に位置する港
町・ウェックスフォード。漁業や陶器
の生産が盛んな人口約2万人の小さな
町は、毎年秋に「ウェックスフォー
ド・フェスティバル・オペラ」が開催
されることで知られている。この音楽
祭の会場となっているのが、国立の
ウェックスフォード・オペラハウスだ。
1832年に完成し、2005年に長い歴史
に幕を閉じたシアター・ロイヤルに代
わって同じ場所に建設された劇場で、
2008年にオープンした。周辺の景観
に溶け込むように建つ劇場の館内に
は、大小2つのシアターが設けられて
いる。このうち、853人を収容するオ
ライリー・シアターは馬蹄型で、張り
巡らされた木材（ウォールナット）が豊
かな音響をもたらしている。

上／木材が上質な雰
囲気を醸し出すオライ
リー・シアター
右／新しい劇場なが
ら、海辺の景観と見事
にマッチしている

Opera House

デンマーク王立歌劇場

（デンマーク／コペンハーゲン）

世界最古の管弦楽団の新たな本拠地として誕生

上／対岸にある宮殿からの眺めは特に夜間が美しい
左下／ゴールドリーフの天井など客席は現代的な高級感を持つ

ランプのように輝く
夜間の外観も美しい

運河を挟んだ向こう側にアマリエンボー宮殿を臨むオペラハウス。2005年の完成時には、ひとりの資産家が建築費用を全額寄付したことも話題となった。大きくせりだした屋根を持つガラス張りの建物で、巨大なランプのように輝く夜間の外観はとりわけ見事だ。設計したのは「光の巨匠」と呼ばれたデンマークの建築家ヘニング・ラーセン。白を基調としたホワイエは、自然光が豊富に射し込み、明るい雰囲気。客席の天井には、10万5,000枚もの24金のゴールドリーフが贅沢に張り巡らされている。この贅を尽くした現代的な劇場を本拠地としているのは、デンマーク王立オペラとデンマーク王立管弦楽団。オペラ公演での演奏も行う管弦楽団は1448年創立という世界最古のオーケストラでもある。

🇩🇰 The Royal Opera House

アマリエンボー宮殿

デンマーク王立
歌劇場

コンゲンスニトロフ駅

◆ 住所　Ekvipagemestervej 10, 1438 København K
◆ 設立　2005年／収容人数 1,703席
◆ アクセス　地下鉄コンゲンスニトロフ駅から徒歩と水上バスで約15分

◆ 豆知識
同劇場の建設にあたって約450億円もの費用を寄付したのは、海
運王として知られる人物。寄付に際しては、一応、いくつかの交
換条件もあった。たとえば、建設場所の決定権や設計に意見でき
る権利といったもので、その結果、宮殿の向かいに新ランドマー
クが誕生し、ガラス張りのファサードには鋼材が加えられること
に。海運王は資材にもこだわり、自ら世界のオペラハウスを視察
するほどの熱心さだったという。

DRコンサートホール

（デンマーク／コペンハーゲン）

ムンクの名画にインスパイアされた
夕焼け色のホール

**夜間は幻想的な
雰囲気に姿を変える**

公共放送局であるデンマーク放送協会（DR）のコンサートホールで、新社屋の敷地に建設され、2009年に完成。設計はフランスのジャン・ヌーヴェル、音響は日本の豊田泰久といずれも現代の第一人者がタッグを組んで造られた。館内には1つのホールと3つのスタジオが設けられ、そのうちコンサートホールはヴィンヤード型で、中央にステージを設置。天井の木材や曲線を描く漆喰の壁など、ムンクの「叫び」で描かれる夕景にインスパイアされたという色彩でホールを包み込んでいる。また、建物自体は半透明のブルーネットで全体が覆われ、夜間にはそのネットがスクリーンとなって映像が投影される。この仕掛けによって、昼間とは異なった幻想的な姿で人々を楽しませている。

鮮やかな色彩に包まれたホールは音響も高く評価されている

左／コンサートホールは壁が織りなす曲線美も見ものだ
上／真っ赤に包まれたスタジオ4は多彩なイベントに対応する

外観を覆う半透明のネットは映像が投影されるスクリーンになることも

🇩🇰 *DR Koncerthuset*

📍 DRコンサートホール

Ⓜ DRビーエン駅

◆ 住所 Ørestads Boulevard 13, 2300 København
◆ 設立 2009年／収容人数 1,809席 (コンサートホール)
◆ アクセス 地下鉄DRビーエン駅から徒歩約5分

◆ 豆知識
施設内にはコンサートホール (スタジオ1) 以外にスタジオが3つあり、そのどれもが個性的。2番目に大きいスタジオ2は、コンサートやリハーサルに使われ、マイルス・デイヴィスやヴァン・モリソンといったスターの肖像画がステンシルで描かれた木製ボードに囲まれている。スタジオ3は固定のステージや客席がなく、多彩なイベントに対応。可動式パネルで音響を微調整できるスタジオ4は、様々なジャンルの音楽コンサートを開くことが可能だ。

ヘルシンキ・ミュージックセンター
（フィンランド／ヘルシンキ）

周囲の景観に溶け込むような音楽ホール

暗めの色調のホール内で白く明るいステージが際立つ

ヘルシンキの中心部、国会議事堂や芸術施設などが集う地区に建設され、2011年に完成した音楽施設。ランドマーク的な建物が多い周辺の景観と調和するよう、音楽用語である「メッザ・ヴォーチェ（半分の声で）」をテーマにしたデザインを採用。建物自体は地下を活用することで高さを抑えており、外壁に使われた緑青銅板やガラスなどが周囲を鏡のように映しだす。まさに景観に溶け込むような建物だ。施設のメインとなるコンサートホールはヴィンヤード型で、管弦楽向けに造られたもの。既存施設の音響が悪かったことから、建設の際には音響のよさが重視された。また、椅子や壁、天井が暗めの色調で統一されているなかで、パイン材を使ったステージが明るく存在感を放っている。

黒と白が対比をなすホールの
音響設計は豊田泰久に委ねられた

左／ガラス張りのため明るく開放感のあるエントランス
上／幅14メートル、高さ10メートルの巨大なオブジェも名物

外観は周辺の緑地と見事にマッチ

✚ Helsinki Music Centre

◆ 住所　Mannerheimintie 13 A, 00100 Helsinki
◆ 設立　2011年／収容人数 1,704席
◆ アクセス　鉄道ヘルシンキ駅から徒歩約6分

◆ 豆知識

ヘルシンキ・ミュージックセンターは、完成とともに国内の音楽界を長年牽引してきた2つの楽団の新拠点となった。ひとつは1882年設立のヘルシンキ・フィルハーモニー管弦楽団、もうひとつは1927年設立のフィンランド放送交響楽団だ。また、施設内には国内唯一の音楽大学であるシベリウス・アカデミーもあり、古典的な作品からレアものまで取り揃えた音楽ショップ「フーガ」も入居。まさにフィンランドにおける音楽の中心地となっている。

ハンガリー
国立歌劇場
（ハンガリー／ブダペスト）

マーラーをはじめ
世界的音楽家が
指揮をとった歌劇場

当時の最先端を集め建てられたマーラーゆかりの劇場

ドナウの真珠とも称されるハンガリーの首都・ブダペスト。世界遺産となっているアンドラーシ通りに、ハンガリー国立歌劇場はある。ネオ・ルネッサンス様式のこの劇場が皇帝フランツ・ヨーゼフ1世によって建てられたのは19世紀後半のこと。建設にあたって、マインツ製のシャンデリアやウィーン製の水圧式舞台装置など、欧州各地から最良のものが集められた。当時から変わらぬ姿を今に伝える赤と金を基調にした劇場内は重厚感と優雅さにあふれ、その天井にはハンガリーを代表する芸術家ロッツ・カーロイのフレスコ画が飾られている。1887年から1891年にはマーラーが音楽監督を務めるなど、300年の歴史を持つハンガリーのオペラ文化を牽引し、さらに豊かなものにしている歌劇場だ。

巨大な天井画と華麗なシャンデリアが客席を見守る

左／かつては王家専用だった荘厳な階段
上／目が眩むような豪華な装飾のロビー

世界遺産の通りに建つネオ・ルネッサンス様式の劇場

Hungarian State Opera

◆ 住所　1061 Budapest, Andrássy út 22
◆ 設立　1884年／収容人数　1,261席
◆ アクセス　地下鉄オペラ駅からすぐ

◆ 豆知識

ハンガリー国立歌劇場の特色の
ひとつに、庶民にやさしいチケッ
ト料金がある。たとえば日本の新
国立劇場の場合だとS席は2万円
強なのに対して、こちらではもっ
とも高い席が1万円以内。最安の
席だとなんと数百円でオペラを鑑
賞できる。なお、オペラのシーズ
ンは9月から翌年6月までだが、
見学ツアーは通年で実施されてい
る。春からクリスマスにかけては、
見学ツアー後に館内のビュッフェ
で劇場のオペラ歌手によるミニコ
ンサートも開かれる。

オスロ・オペラハウス

（ノルウェー／オスロ）

氷山のような外観がユニークな
オスロの新ランドマーク

外壁にソーラーパネルを使用するエコな一面も

2008年、オスロの中心部にオープンしたノルウェー国内最大規模の文化施設。完成翌年には、ヨーロッパの優秀な建築に贈られるミース・ファン・デル・ローエ賞を受賞。新たなランドマークとして人々に親しまれている。オスロ湾に面した地理を活かした造りで、広大なスロープが海から屋上に伸びるその姿は、海に漂う氷山を思い起こさせる。見た目の面白さに加え、壁面を覆うガラスパネルの一部にソーラーパネルを使用するエコな一面があるのも特徴だ。8,000個のダイオードによるシャンデリアが天井に輝くメインホールには、オーク材がふんだんに使用されている。外観とは異なる雰囲気を持ち、斬新でありつつ、奥ゆかしさも感じさせるオペラハウスだ。

モダンなシャンデリアがバルコニーの美しい曲線を照らす

左／オーク材が使われた劇場内はシックな雰囲気
上／海から伸びる広大なスロープが劇場を取り囲む

緩やかなスロープは歩くこともくつろぐことも可能だ

🇳🇴 *Oslo Opera House*

オスロ・セントラル駅

オスロ・オペラハウス

◆ 住所　Kirsten Flagstads Plass 1, 0150 Oslo
◆ 設立　2007年／収容人数　1,364席
◆ アクセス　鉄道オスロ・セントラル駅から徒歩約10分

◆ 豆知識

建物の特徴のひとつが、広大なスロープ。眼前に広がるオスロ湾の海中から屋上まで伸びており、人々のくつろぎの場となっている。およそ3万5,000枚の大理石プレートが使われ、屋上などからオスロ湾の見事な眺めを楽しめる。特に夕暮れ時は絶景だ。また、時間が許せば、オスロ湾のクルージングもオススメ。オスロ湾の雄大な眺めとともに氷山のようなユニークな形をしたこの新しいランドマークの姿を海からじっくりと鑑賞できる。

ボリショイ劇場
（ロシア／モスクワ）

華やかなりし帝政時代を今に伝える名劇場

**とりわけ豪勢な
皇帝観覧席も見もの**

ロシアのオペラ・バレエにおいて重要な役割を担ってきた劇場で、その起源はピョートル・ウルソフ公爵らが常設の劇団を立ち上げた1776年にまで遡る。この劇団のために建てたペトロフスキー劇場の焼失などを経て、1825年に建てられたのが、ボリショイ劇場だ。1853年の火災で被害を受け、1856年に再建した際に劇場のシンボルともいえる4頭立ての馬車に乗ったアポロンの彫刻が正面入口に設置された。客席はバルコニーのきらびやかな金色の装飾が美しく、なかでもステージ正面にあるかつての皇帝観覧席は、ひと際豪勢な装飾になっている。2006年から大改修を実施し、旧ソ連時代に加えられた装飾などを取り去って、再建された当時の姿に戻すとともに、最新の舞台装置が導入されている。

上／たくさんのシャンデリアと装飾で光り輝くバルコニーが客席を囲む
左／8本の円柱が支える破風にアポロン像が飾られている

The Bolshoi Theatre

ボリショイ劇場

チアトラリナヤ駅

オホトニ・リャト駅

◆ 住所　Theatre Square, 1, Moscow 125009
◆ 設立　1825年／収容人数　1,720席
◆ アクセス　地下鉄チアトラリナヤ駅から徒歩約4分

◆ 豆知識
ボリショイ劇場と縁のある人物のひとりがチャイコフスキーだ。代表作「白鳥の湖」は、この劇場を本拠地とするボリショイ・バレエによって1877年に初演。「くるみ割人形」「眠れる森の美女」といったチャイコフスキー作品とともに、現在でもボリショイ・バレエの代表的なレパートリーとなっている。彼が作ったオペラ「マゼッパ」（1884年）もこの劇場が初演の場だ。

ラ・ロッチャ劇場（スペイン／リェイダ）

公演とともに地域色豊かな装飾を堪能

葉っぱを模した
照明が客席を照らす

ピレネー山脈を臨むカタルーニャ地方西部の街・リェイダに、2010年オープンした会議場併設の劇場。かつて市場のあった場所に建設され、その名前は当地の言葉で商品取引所の意味を持つ。外観は上層部がせり出したユニークな姿であるとともに、周囲に溶け込むような石材の色合いも特徴だ。ホール内はスペイン国内有数のオリーブやリンゴの産地であるリェイダらしく、客席の黒い壁面に樹木が光り、天井には葉っぱを模した照明が設けられている。ホワイエの壁面も果実をイメージしたカラフルなものだ。また、ホワイエや屋上のテラスからはすぐそばを流れる河川をはじめ、周辺の風景を一望できる。公演とともに、様々な装飾や眺望でリェイダという街の魅力も堪能できる場所だ。

側面には樹木が輝き、天井には木の葉がゆらめく

🏛 Teatre de la Llotja

リェイダ駅　ラ・ロッチャ劇場

◆ 住所　Avinguda de Tortosa, 6-8, 25005 Lleida
◆ 設立　2010年／収容人数　1,000席（リカルド・ビニェス・ホール）
◆ アクセス　鉄道リェイダ駅から徒歩約7分

◆ 豆知識
リェイダらしさにあふれた劇場らしく、館内のレストラン
もこの地域の特色を活かしたものだ。ピレネー山脈
の麓に広がる肥沃な土地で育まれた果物やマッシュルー
ム、オリーブオイルなどを使用した料理が堪能できる。
また、屋上にはテラスを設置。こちらではチルアウト
ミュージックをバックに、周囲の景色とともにカクテル
やタパスなどを深夜まで楽しめる。

左／高さを抑え、自然な色合いも周囲の景観とマッチした外観
上／果樹園をイメージした色鮮やかな壁面のホワイエ
下／白い壁は照明の色によって雰囲気も変わる

カンポス・エリセオス劇場

（スペイン／ビルバオ）

完成当時の美しさを保ちつつ
スタイリッシュに変身

**伝統と新しさが
融合した劇場に**

1902年に完成した劇場で、名前は
ギリシャ神話に登場する「死後の楽
園」を意味し、かつて同じ場所に
あった庭園の名前に由来する。ファ
サードの馬蹄型のアーチを描いた装
飾の他、プロセニアム・アーチやバ
ルコニーが黄金色に輝くホールな
ど、当時のバスク地方におけるモデ
ルニスモの流れを今に伝える貴重
な建築物として知られている。劇場
は、1978年にバスク地方独立を掲
げた武装組織の攻撃を受けて損傷。
その際は2年後に修復されたが、21
世紀に入ってさらに本格的なリノ
ベーションを実施。ファサードや劇
場ホールなど既存のものを残しつ
つ、ガラス張りのフロアなどが新た
に加えられ、最新の舞台装置も導
入。伝統と新しさが融合した劇場に
生まれ変わっている。

歴史ある客席に対し、ステージ装置は改装で新しいものに

左／植物模様のきらびやかな装飾が柱やバルコニーを覆う
上／巨大な装飾を施した入口が観客を出迎える

🏛 Teatro Campos Elíseos Antzokia

アバンド駅 🚇

📍
カンポス・エリゼオス劇場

🚇
ビルバオ・
アバンド駅

◆ 住所 Bertendona Kalea, 3 Bis, 48008 Bilbao,
　Vizcaya, Bizkaia
◆ 設立 1902年／収容人数 805席
◆ アクセス 鉄道ビルバオ・アバンド駅からすぐ

◆ 豆知識
劇場の公演内容はミュージカルや
演劇、クラシックコンサート、ダ
ンスなど多岐にわたり、リノベー
ション時に新設された多目的ホー
ルではロックコンサートや子ども
向けの人形劇なども開かれてい
る。月曜から金曜まで無料のガイ
ドツアーも行われており、ビルバ
オを代表するモデルニスモ建築の
ひとつでもある劇場内を見学する
ことができる。こちらは2日前ま
での予約が推奨されている。ま
た、目の前の通りを眺めながら食
事を楽しめるレストランも館内に
設けられている。

カタルーニャ音楽堂

〔スペイン バルセロナ〕

ステンドグラスが鮮やかに輝く世界遺産

モデルニスモ建築の傑作として名高い音楽堂

サグラダ・ファミリアで知られるガウ
ディの師であり、ライバルでもあった
リュイス・ドメネクが設計したバルセロ
ナにある音楽堂。地元の合唱団オルフェ
オン・カタランの本拠地として建設され、
1908年に完成した。曲線美と華やかな
装飾を特色とし、スペイン版アールヌー
ボーとも言われるモデルニスモ建築の傑
作として名高い建物だ。館内外どこを

とっても美しく、特に天窓や側面の色鮮
やかなステンドガラスから光が射し込む
コンサートホールは、花をモチーフにし
た装飾、舞台脇の大がかりな彫刻、その
奥に掲げられた様々な楽器を奏でる
ミューズのレリーフなど、実に華やかだ。
1997年には同じくドメネクが手がけた
サンパウ病院とともに世界遺産にも登録
されている。

天窓のステンドガラスをはじめ、華やかさに満ちたコンサートホール

左上／ステージの奥には楽器を手にしたミューズの像が並ぶ
左下／ファサードには細やかなモザイク画が描かれている
上／ミューズ達の上に堂々とパイプオルガンが鎮座する

コロネードはそれぞれ異なるモザイク装飾の柱が並ぶ

🎵 Palau de la Música Catalana

◆ 住所　Palau de la Música, 4-6, 08003 Barcelona
◆ 設立　1908年／収容人数　2,015席（コンサートホール）
◆ アクセス　地下鉄ウルキナオナ駅から徒歩約3分

◆ 豆知識

コンサートホールでは現在もクラシックやフラメンコなどの公演が行われている。音楽堂内には、このホール以外にもステンドグラス越しに多彩なモザイク装飾のコロネードを眺められる休憩用ホールや合唱団用のリハーサルホール、2004年に誕生したモダンなミニホール、レストランなどもあり、エントランス部分のホワイエは日中一般開放されている。ガイドツアーも実施されており、魅力にあふれた館内を約1時間にわたって堪能できる。

アウディトリオ・デ・テネリフェ

（スペイン／サンタ・クルス・デ・テネリフェ）

岸辺に佇む姿は
まるで巨大なアート

**島の新たな名所になった
カラトラバ設計の白い音楽堂**

大西洋に浮かぶスペイン領カナリア諸島のひとつ、テネリフェ島。かつては欧州とアメリカを結ぶ航路の中継点となり、リゾート地としても知られるこの島の海辺に、2003年誕生したのがアウディトリオ・デ・テネリフェだ。高さ40メートル、幅60メートルのアーチが建物を覆う姿はまるで巨大なアート作品。白を基調にした前衛的なデザインが特徴の現代を代表する建築家サンティアゴ・カラトラバが設計したもので、館内にはクラシックやオペラの公演が開かれるシンフォニックホールをはじめ、チェンバーホール、多目的ホールなどが設けられている。これらも独特のデザインで、シンフォニックホールは、テネリフェ島の火山を思い起こさせるダイナミックな造形の天井が印象的だ。

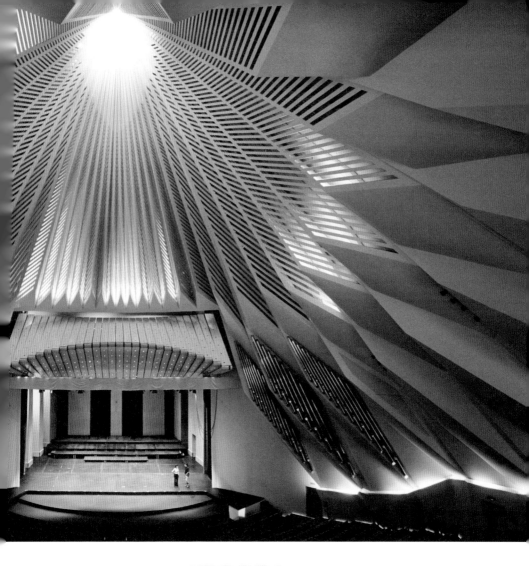

▣ *Auditorio de Tenerife*

🚇 インテル
カンビアドール停留所

📍
アウディトリオ・デ・テネリフェ

◆ 住所　Av de la Constitucion, 1, 38003 Santa Cruz de Tenerife
◆ 設立　2003年／収容人数 1,562席（シンフォニックホール）
◆ アクセス　路面電車インテルカンビアドール停留所から徒歩約5分

◆ 豆知識
カナリア諸島では、毎年1月から2月にかけてカナリア諸島音楽祭が開かれる。これは、2015年に31回目を迎えるクラシック音楽のイベントで、温暖な気候を活かし、ヨーロッパでは珍しく冬場に開催される音楽祭として知られている。アウディトリオ・デ・テネリフェも主要会場となっており、世界各地から集う名だたる指揮者やソリスト、楽団による演奏を心ゆくまで楽しむことができる。

上／彫刻のような天井の造形が
ユニークなシンフォニックホール
左／夜間のライトアップはイベン
ト時などに色を変えることも
右／ステージ後方から客席後方
へ天井がアーチ状に伸びるチェ
ンバーホール

⊰ *Opera House* ⊱

チューリッヒ
歌劇場

（スイス／チューリッヒ）

伝統に裏打ちされた
ハイクオリティーな
公演も見もの

**敏腕総裁らのもとで
近年さらに注目される**

湖のほとりにある歌劇場で、アルバン・ベルク「ルル」（1937年）やパウル・ヒンデミット「画家マティス」（1938年）などが初演された歴史を持つ。前身は1834年に誕生した常設劇場だが、1890年に焼失。翌年、ロココ調のきらびやかな装飾が客席を包むこの劇場が完成した。以来、ドイツ語圏有数のオペラハウスとして歴史を刻み、20世紀終盤からは敏腕総裁のもとでさらに注目を集めている。長年総裁を務め、芸術祭も創設したアレクサンダー・ペレイラ（現・スカラ座総裁）によって経営が黒字に転換。2012年に演出家アンドレアス・ホモキが総裁に就任して新音楽監督を招いたあとも勢いは衰えず、2014年には国際オペラアワードの最優秀オペラカンパニーを受賞。新たな名声を築いている。

上／こぢんまりとした劇場内は繊細な装飾で優雅な雰囲気
左／陽射しに映えるファサードは新古典主義のデザイン

🇨🇭 *Zürich Opera House*

チューリッヒ・
シュターデルホーフェン駅

チューリッヒ歌劇場

◆ 住所 Falkenstrasse 1, 8008 Zürich
◆ 設立 1891年／収容人数 1,100席
◆ アクセス 鉄道チューリッヒ・シュターデルホーフェン駅から徒歩約3分

◆ 豆知識
毎年夏に開かれるチューリッヒ芸術祭の一環として、2014年に新たな取り組みが始まった。歌劇場前の広場が1日限りの野外劇場に様変わりするパブリックビューイングだ。歌劇場で開かれるオペラ公演の模様を大型のLED画面で生中継するもので、くつろぎながら無料でオペラを鑑賞できる。2015年は、ヴェルディの「アイーダ」が上演される予定だ（2014年12月時点）。

Theater

アゴラ・シアター

（オランダ／レリスタット）

斬新な外観と緋色のホールが非日常感を増幅

カラフルな劇場が街を活性化

オランダ中部に位置するフレヴォラント州の州都・レリスタット。1950年代にゾイデル海を干拓して誕生した、人口7万人ほどの街だ。当時造成された中心部の景観は地味なものだったが、近年、活性化を目的とした都市計画によって変貌をとげつつある。ユニークなデザインが目を引くアゴラ・シアターもその一環として建設され、2007年にオープンした。多面体が重なり、オレンジや黄色で彩られたスタイリッシュな外観は街に新たな息吹をもたらしている。大小2つのホールや多目的室、レストランなどがある館内もピンクの階段があるなど、実にカラフル。なかでもメインとなるホールは壁面から座席に至るまで緋色で統一されており、観劇する前から非日常的な雰囲気を味わえる場所だ。

Agora Theater

アゴラ・シアター

レリスタット・セントラム駅

- 住所　Agorabaan 12, 8224 JS Lelystad
- 設立　2007年
- 収容人数　750席（スカーレットホール）
- アクセス　鉄道レリスタット・セントラム駅から徒歩約8分

- 豆知識

レリスタットの街の新たな名所となっているアゴラ・シアターは、劇場以外にも映画館や会議場、飲食施設が併設されている。飲食施設のうち、「拍手」という意味を持つレストラン「Applaus」は、豊富なワインと地中海料理主体のコースなどがあるディナーが魅力だ。ランチ営業もしており、夜には居心地のよいバーも楽しめる。観劇前後に立ち寄りたいスポットだ。

右／多面体が重なるユニークな造りの外観も印象的
下／真っ赤なメインホールの壁面も多面体が折り重なった造り

アムフィオン劇場

（オランダ／ドゥーティンヘム）

独創的な外観も魅力の赤い劇場

散りばめられた窓がアクセントに

かつてオランダ王国の首都でもあった街・ドゥーティンヘムにある劇場。完成したのは 2010 年で、スペインのラ・ロッチャ劇場と同じく、世界各地で独創的な建築を生み出しているオランダの建築家集団メカノーが設計を手がけた。外観は砂色の煉瓦の壁にランダムに設置された窓がアクセントになっており、入口の階段は赤い照明を用いて、レッドカーペットのように演出されている。馬蹄型の大ホールは座席やバルコニー、壁面を真っ赤に統一。暖かさとともに高級感もある雰囲気に包まれている。ホワイエだけでなくステージ脇にも設けられている大小様々な四角形の窓を通して、自然光が美しく射し込むとともに、館内からは街の景色を絵画のように眺められるのも特徴だ。

落ち着きのある赤色で覆われた劇場内

左／壁面のダークな赤色が劇場全体の雰囲気をシックなものにしている
右／ホワイエにはランダムに設けられた窓から自然光が射す

砂色の外壁に様々な大きさの窓が点在

☰ Schouwburg Amphion

アムフィオン劇場

ドゥーティンヘム駅 🚃

- ◆ 住所　Hofstraat 159, 7001 JD Doetinchem
- ◆ 設立　2010年／収容人数　856席（大ホール）
- ◆ アクセス　ドゥーティンヘム駅からバスと徒歩約10分

◆ 豆知識

館内には2つの劇場があり、様々なジャンルの公演を連日開催している。壁も真っ赤な大ホールに対して、290人を収容する小ホールは赤い客席を黒の壁が包み込み、趣きも異なる造りだ。また、ホワイエの赤い壁には、赤い小さな箱に入った出演者を撮影した作品「The Artist Cube」を展示。キューブのなかで座ったり、寝そべったり、小道具を手にしたりと様々なポーズをとるアーティストたちの姿を楽しめる。

コンセルトヘボウ

（オランダ／アムステルダム）

音響に優れたシューボックス型ホールの代表格

上／白と赤で彩られた大ホールを1890年に設置されたオルガンが見守る
左下／目の前をアムステルダム名物のトラムが走る

ホール完成とともに
名門管弦楽団も誕生

アムステルダムの街で音楽公演にふさわしい会場が待ち望まれるなか、1888年に完成した音楽ホール。ネオ・ルネッサンスなどの折衷建築で、円柱が並ぶファサードをはじめ、外観は威風堂々とした佇まいだ。館内のメインホールは、1884年に完成したドイツの新ゲヴァントハウスを参考に造られた。朱色の客席やカーペットと白が基調の壁や天井とのコントラストが見事で、壁面の上部に設けられた半円の窓から自然光が射し込むのも特色だ。素晴らしい音響を誇っており、今日ではウィーン楽友協会とともにシューボックス型音楽ホールの代表格として知られている。また、ホールとともに誕生したロイヤル・コンセルトヘボウ管弦楽団も世界屈指の楽団として知られる。

≡ *Concertgebouw*

アムステルダム美術館

ミュージアム広場

コンセルトヘボウ

ミュージアム
広場停留所

◆ 住所　Concertgebouwplein 10, 1071 LN Amsterdam
◆ 設立　1888年／収容人数　1,974席（大ホール）
◆ アクセス　路面電車ミュージアム広場停留所からすぐ

◆ 豆知識
コンセルトヘボウでは、素晴らしい演奏を無料で楽しめ
る催しがある。大ホールとリサイタルホールを会場に、
7・8月を除く毎週水曜日に開かれるランチコンサート
だ。ロイヤル・コンセルトヘボウ管弦楽団のパブリック
リハーサルや若手アーティストによる室内楽演奏など、
内容は様々で、演奏時間は30分。席に限りがあるため、
開始30分前の到着が推奨されている。

ルクセンブルク・フィルハーモニー

（ルクセンブルク／ルクセンブルク）

８つのタワーがそびえ立つ音響抜群の音楽ホール

タワーに囲まれた
街のような空間

1933年に設立されたルクセンブル
ク・フィルハーモニー管弦楽団が本
拠地とする音楽施設。2005年に完
成したもので、無数の白い支柱に覆
われた流線型の外観をしている。施
設内に3つのホールを設置してお
り、最大で1,500席になる大ホール
は、音響に優れたシューボックス型
を採用。その特色は両サイドにあ
る。8つの独立したタワーが建てら
れ、その中に客席が設けられている
ことだ。まるでホール内に小さな建
物があるかのようなユニークな造り
で、このタワーは音響を向上する役
割も果たしている。一方、300人を
収容する室内楽ホールはシェル型の
壁面に囲まれ、ステージ上にある流
線型の音響反射板が目を引く優雅
な雰囲気。ホールごとに異なる空間
も楽しみたい。

1,500人収容のシューボックス型大ホール

左／独立して建つタワー席は、まるでアパルトメントのよう
上／曲線が美しい室内楽ホールはアーティスティックなデザイン

ガラス張りの建物を無数の支柱が囲む外観も特徴的

= *Philharmonie Luxembourg*

ルクセンブルク・
フィルハーモニー

←ルクセンブルク市街地

◆ 住所 1 Place de l'Europe, 1499 Luxembourg
◆ 設立 2005年／収容人数 1,500席（大ホール）
◆ アクセス 施設からシャトルバスあり（要確認）

◆ 豆知識
この施設では、毎年秋に2つの
フェスティバルが立て続けに
開かれている。ひとつは、10
月から11月に別の劇場と一緒
に開催され、クラシック、オペ
ラ、演劇など公演内容が多岐
にわたるルクセンブルク・フェ
スティバル。これに続くのがレ
イニー・デイズで、11月下旬
に数日間にわたって開催され
る。こちらはコンテンポラ
リー・ミュージックの祭典で、
前衛的な音楽とともにユニー
クな芸術作品も楽しめる。

カーサ・ダ・ムジカ

（ポルトガル／ポルト）

隕石のような独創的なフォルムも見もの

**7つの巨大な窓で
ホールは明るく開放的**

2005年にポルトの古い街並に完成し、しばしば巨大な隕石にたとえられるカーサ・ダ・ムジカ。宇宙船のタラップのようなエントランスから入る館内には、2つのホールが設けられている。メインとなるスッジア・ホールはシューボックス型の音響にこだわった造りで、日中の明るさも特徴のひとつ。ステージ後方など7か所に大きなガラス窓があり、自然光が豊かに射し込む明るいホール内で目を引くのが、北欧産のパイン合板を使用した壁面と天井だ。金箔が木目のように貼られ、リッチな雰囲気を醸し出している。ホール以外にもポルトガル伝統の装飾タイル・アズレージョが美しいVIPルームや、ボアヴィスタ庭園などの展望を楽しめる屋上テラスなどがあり、様々な工夫が詰まった建物だ。

ポルトガル出身の女性チェリストの名がつけられたスタジオ・ホール

開口部が大きくとられたホール2は多目的に使用される

館内も洗練されたデザインで現代的な雰囲気

ランダムにカットされたような多面体の外観は隕石を彷彿とさせる

Casa da Música

カーサ・ダ・ムジカ駅
カーサ・ダ・ムジカ
ボアヴィスタ庭園

◆ 住所 Avenida da Boavista 604-610,
4149-071 Porto
◆ 設立 2005年／収容人数 1,238席（スッジア・ホール）
◆ アクセス 地下鉄カーサ・ダ・ムジカ駅から徒歩
約5分

◆ 豆知識
公式オープンの式典ではポルト国立管弦楽団が演奏したカーサ・ダ・ムジカ。その前日に開かれたコンサートでは、ポルトガルのロックバンドとともに2013年に亡くなったルー・リードが出演するなど、幅広いジャンルの音楽を鑑賞できる場でもある。ホール以外でも音楽を楽しめ、最上階のレストランと屋上のテラスは、土曜日の夜にはエレクトロミュージックを流すバーに変身。周辺の夜景とともにリラックスしたひとときを過ごすことができる。

右側の建築群の手前から2番目にあるのがジ・アーツ・ハウスだ

ジ・アーツ・ハウス

（シンガポール／シンガポール）

◆ 住所 1 Old Parliament Lane Singapore 179429
◆ 設立 1827年
◆ 収容人数 200人（チェンバー）

国会議事堂から芸術施設へ生まれ変わった国内最古の建物

次々と世界的な現代建築が誕生して話題を呼んでいるシンガポール。一方で、植民地時代の歴史的建築物の保存やリノベーションにも力を入れており、そのひとつが、現存する国内最古の建物を活かした芸術施設のジ・アーツ・ハウスだ。

現在はコンサートや演劇、現代芸術の展示などが行われているこの建物は、シンガポールにおける初代の国会議事堂だった場所でもある。その歴史を遡ると、シンガポールがイギリスの植民地となってからほどなくして、スコットランド人の商人マックスウェルの邸宅として建てられ、1827年に完成したのが始まりだ。しかし、マックスウェル本人が住むことは一度もなく、植民地政府に貸し出され、裁判所として使用されることになった。その数年後には政府の所有物になり、以降、20世紀中盤まで、会議場、最高裁判所、倉庫と、その役割を何度も変えながら植民地政府に活用され続ける。

また、もともとの姿はシンプルなネオ・パラディオ様式の建物だったが、別館の建築や本館の度重なる増改築を経るなかで、イギリスでの流行を反映したビクトリア調の姿に変化していった。その後、日本に占領された第二次世界大戦が終わると、1954年には立法評議会の議場として使われるようになる。さらに、1965年にシンガポールがマレー連邦から分離独立して初代の国会議事堂となり、1999年に隣接地の新国会議事堂へ移転するまで使用されていた。

2003年には、リノベーションを経てジ・アーツ・ハウスとして再出発し、現在に至るわけだだが、施設のなかでも注目なのは議会が開かれていた部屋「チェンバー」だ。この部屋はかつての姿をほぼ残し、木製の椅子などの調度品もそのまま使用している。そのような威厳ある雰囲気のなか、コンサートなどが開かれている。

また、議員のラウンジや特別委員会用の部屋などもイベントや展示用のスペースに改装された他、劇場や映画上映室、ブルースやジャズのライブスペース、カフェなども設置。議事堂時代の外観は残しつつ、様々な芸術を堪能できる場に生まれ変わっている。

Part 3

アメリカ・中南米・オセアニアの劇場

シビック・オペラハウス

（アメリカ／シカゴ）

上質な公演も楽しみな北米有数の大歌劇場

◆ 住所　20 North Upper Wacker Drive, Chicago, IL 60606
◆ 設立　1929年／収容人数　3,563席
◆ アクセス　地下鉄ワシントン・ウェルズ駅から徒歩約4分

◆ 豆知識

シビック・オペラハウスのオペラシーズンは9月から翌年3月まで。オフシーズンの間には、コンサート会場としても使用されており、過去にはブライアン・フェリーやウィルコなどの公演も開かれた。ジャズシンガーであるエラ・フィッツジェラルドの作品「エラ・アット・ジ・オペラハウス」も1957年のこの劇場での公演などをおさめたものだ。

電力王がオペラのために複合ビルを建設

1929年に完成した複合ビル、シビック・オペラ・ビルディング内にあるオペラハウス。シカゴ川に面する45階建てのこのビルは、電力王と呼ばれた資産家のサムエル・インサルがシカゴ・シビック・オペラの本拠地として建設したもの。その外観が椅子に似ていることから、「インサルの玉座」という愛称を持っている。アールヌーボーとアールデコの様式をミックスしたきらびやかな劇場は約3,500席あり、北米ではニューヨークのメトロポリタン歌劇場に次ぐ規模だ。現在、この劇場を本拠地としているのは、1954年に創設されたリリック・オペラ・オブ・シカゴ。世界的なゲストを招くなどして、大観衆に上質なオペラを提供し続けており、劇場とともに名声を獲得している。

上／風格あるビルの前にはシカゴ川が流れている
右／金色に輝く装飾に包まれた優雅な劇場内

ガスリー・シアター
（アメリカ／ミネアポリス）

ブロードウェーに対抗した
古典のレパートリーも見もの

古典レパートリー中心の大劇場はカラフルな椅子が遊び心を感じさせる

新劇場は近隣で栄えた製粉業に影響されたデザイン

ガスリー・シアターの歴史は、ブロードウェーの商業主義に対抗して、新たな劇団・劇場を作ろうというイギリス人演出家、タイロン・ガスリーらのアイデアが1959年に新聞で掲載されたことに始まる。その計画に興味を持った7都市からミネアポリスが選ばれ、1963年に劇場が完成した。同時に設立された劇団は古典レパートリーを主に上演。地域の演劇界を牽引するとともに、世界的に知られる存在となった。そして2006年、新本拠地として、ミシシッピ河畔にオープンしたのがこの劇場だ。街の主要産業だった製粉業に影響を受けた建物で、その姿は製粉工場のサイロや煙突を思い起こさせる。館内には大小2つの劇場があり、大学生や研修生用のスタジオも設けられている。

左／現代劇を中心に上演する小劇場は赤で統一されている
上／ミネソタ大の学生や劇場研修生のホームとなるスタジオシアター

ブルーメタルが美しく反射する外観

ガスリー・シアター

ゴールド・メダル・パーク

ダウンタウンイースト停留所

◆ 住所　818 S 2nd St, Minneapolis, MN 55415
◆ 設立　2006年
◆ 収容人数　1,100席（スラストステージ）
◆ アクセス　路面電車ダウンタウンイースト停留
　　所から徒歩約6分

◆ 豆知識

この劇場には観劇以外にも
様々な魅力がある。たとえば、
ミシシッピ川に向けて突き出
した「エンドレスブリッジ」
からは、石造アーチ橋やセン
トアントニー滝といった周辺
の名所を眺められる。また、
ガイドツアーのひとつである
衣裳レンタルツアーも見逃せ
ない。別の場所にある倉庫で
ガイドが衣裳について説明し
てくれるとともに、なんと3
万点という劇団の膨大なコレ
クションから衣裳を借りられ
るというちょっと変わった面
白いツアーだ。

カーネギー・ホール

（アメリカ／ニューヨーク）

数々のスターがステージを踏んだ 米音楽の殿堂

殿堂の威厳を感じさせる赤と白のコントラスト

煉瓦とテラコッタを用いたルネッサンス様式の外観が歴史を感じさせるカーネギー・ホール。鉄鋼王のアンドリュー・カーネギーによって建設されて1891年に完成、柿落し公演ではチャイコフスキーが指揮棒を振った。それ以降、今日に至るまで名だたる作曲家や数々のスター歌手が出演し、米国音楽の殿堂的な場所となっている。建物は増築や改装が幾度も行われ、現在ではメインホールとなるアイザック・スターン・ホールの他に、2つのホールが設けられている。1986年に大規模な改修が行われたアイザック・スターン・ホールは、壁と天井の白と床に敷かれた赤絨毯が奇麗なコントラストを描く。バルコニー席は急傾斜になっているため、後方席でもステージを間近に感じられるのも特色だ。

■ *Carnegie Hall*

57St.コロンブスサークル駅
カーネギー・ホール
57St.駅
57St.7Ave.駅

◆ 住所　881 7th Ave, New York, NY 10019
◆ 設立　1891年／収容人数 2,804席（アイザック・スターン・ホール）
◆ アクセス　地下鉄57St. 7Ave駅からすぐ

◆ 豆知識

1891年に誕生したカーネギー・ホールは、1962年までニューヨーク・フィルハーモニックの本拠地として、ドヴォルザーク「新世界より」（1893年）やガーシュウィン「パリのアメリカ人」（1928年）など、数々の名作が初演された。クラシックの殿堂的な存在だった1964年にはビートルズが公演。それ以降、より幅広いジャンルの音楽の殿堂として、歴史を刻み続けている。

周辺が様変わりした現在でもその存在感は突出している

白と赤を基調に、シンプルながらも品を感じさせるアイザック・スターン・ホール

Concert hall

シンフォニー・ホール

（アメリカ／ボストン）

音響に科学を導入した世界初の音楽ホール

上／観衆とともに 16 の彫像のレプリカが公演を見守り続ける
左下／白い支柱がアクセントとなっている外観

ギリシャやローマの
彫像レプリカが客席を囲む

ボストン交響楽団の新本拠地として建設され、1900 年に完成した音楽ホール。シューボックス型のホールは、アムステルダムのコンセルトヘボウと同様に、ドイツにあった新ゲヴァントハウスをモデルにしたもの。ハーバード大の物理学者ウォーレス・クレメント・セイビンが音響設計を手がけ、「残響時間」という科学的な考えを導入した世界で最初の音楽ホールとして知られている。客席の周囲には、ギリシャやローマの音楽や芸術などと繋がりがある彫像のレプリカを 16 体設置。これはボストンがアメリカのアテネと呼ばれていたことに由来する。また、上部にある半月型の窓は 1940 年代からカーテンや木製パネルで覆われていたが、2008 年に自然光が射し込む完成当時の姿へ戻されている。

◆ 住所　301 Massachusetts Ave, Boston, MA 02115
◆ 設立　1900年／収容人数　2,625席
◆ アクセス　地下鉄シンフォニー駅からすぐ

◆ 豆知識
シンフォニー・ホールのステージにかかるプロセニア
ム・アーチやバルコニーには、人名を刻むための銘板
が何枚も設置されている。そのうちプロセニアム・アー
チの銘板にはベートーベンの名が刻まれているが、他
の銘板は長年空白のまま。これは、いつの時代も変わ
らぬ人気を誇るベートーベンに敬意を表したもので、今
後、新たにその名を刻む音楽家が現れるのか、注目だ。

ウォルト・ディズニー・コンサートホール

（アメリカ／ロサンゼルス）

観客を優しく包み込む
ファンタスティックな空間

フレンチフライのような
パイプオルガンが目を引く

ウォルト・ディズニーの妻・リリアンからの多額の寄付をきっかけに建てられ、2003年に完成したコンサートホール。現在同ホールを本拠地とするロサンゼルス・フィルハーモニックの旧本拠地だった歌劇場をはじめ、多数の施設が集うロサンゼルス・ミュージックセンター内にある。その外観はステンレス鋼が波打つ船の帆のような姿で、一見すると巨大なアート。一方、外観とは裏腹にコンサートホール内は木材がメインで、ゆるやかなカーブを描く天井には米松、床にはオーク、ステージにはアラスカ産の杉が用いられている。そのなかで、存在感十分なのがステージ奥にあるパイプオルガン。しばしばフレンチフライにもたとえられるユニークな形状が魅力だ。

様々な種類の木材がふんだんに使われたコンサートホール内

左／独創的なデザインだけでなく豊田泰久による優れた音響でも知られている
上／アート作品のような外観は角度によって見え方が異なるのも面白い

🇺🇸 *Walt Disney Concert Hall*

ウォルト・ディズニー・
コンサートホール　　シビックセンター／
　　　　　　　　　　グランド・パーク駅

　　　　　　　ロサンゼルス・
　　　　　　　タイムズ本社ビル

◆ 住所　111 S Grand Ave, Los Angeles, CA 90012
◆ 設立　2003年／収容人数　2,265席
◆ アクセス　地下鉄シビックセンター／
　グランド・パーク駅から徒歩約6分

◆ 豆知識

ロス市民への贈り物として、さらには夫ウォルトへの敬意を表して、多額の建設費を寄付したリリアン・ディズニー。ホール外の庭園には、彼女に捧げられた花びら型の噴水「ローズ・フォー・リリー」が設けられている。彼女が好んだデルフト陶器の欠片を用いた美しい作品で、音楽とともにぜひ鑑賞したいところだ。隣にはアカデミー賞の授賞会場にもなった歌劇場のドロシー・チャンドラー・パビリオンもあり、そちらに足を伸ばすのもオススメだ。

コスタリカ 国立劇場

（コスタリカ／サンホセ）

コーヒー税で建てられた 中米屈指の オペラハウス

ヨーロッパ的な雰囲気の中 コスタリカらしい絵画も

中米・コスタリカの首都サンホセ。19世紀末、その人口は2万人にも満たなかったが、世界をツアーするオペラなどの劇団が公演できるようにと、上流階級の人々が劇場の建設を望んだ。その結果誕生したのが、パリのガルニエ宮を模した国立劇場で、1897年の柿落しではゲーテの「ファウスト」が上演された。建設のために、大統領がコーヒーの輸出などに税金をかけて資金を捻出したという逸話もある。建物正面には17世紀スペインの劇作家ペドロ・カルデロン・デ・ラ・バルカとベートーベンの像があり、装飾や調度品もヨーロッパ的。一方で、ロビーにはコーヒーとバナナの収穫の模様を描いた絵画があるなど、コスタリカらしいエッセンスも楽しめる劇場だ。

上／まるで欧州のような豪華絢爛な劇場はサンホセを代表する観光スポットになっている
左／ベートーベン像は入口の脇に立っている

≣ *National Theatre of Costa Rica*

◆ 住所　Avenida Segunda entre Calles 3 y 5, Centro, San José
◆ 設立　1897年／収容人数　1,000席
◆ アクセス　鉄道アトランティコ駅から徒歩約15分

◆ 豆知識
コーヒーやバナナを収穫する様子が描かれた絵画は、コスタリカを訪れたことがないイタリア人の画家が想像で描いたため、間違った描写があることが指摘されている。それでも過去には紙幣のデザインに採用されており、国内ではよく知られる絵画だ。なお、劇場は日曜を除いて見学可能で、様々な種類のコーヒーを楽しめるカフェも設けられている。

アマゾナス劇場
（ブラジル　マナウス）

アマゾンに佇む本場も顔負けの
贅を尽くした歌劇場

**ゴム景気に沸いた
往時を偲ばせる豪華な造り**

アマゾナス州の州都・マナウスは、1967年に経済特区に指定され、国内有数の工業都市へと成長。人口は200万人に迫りつつある。この街はもともと、19世紀後半から20世紀初頭にかけて天然ゴムの集積地として栄えていた。ネオ・ルネッサンス様式のアマゾナス劇場は、この頃に建てられたものだ。大理石やタイルといった資材やシャンデリアなどの調度品は、イタリアやポルトガルなどからはるばる輸入された。一方で、屋外のドーム型の屋根にはタイルを使ってブラジル国旗が描かれるなど、ブラジルらしさも感じさせる。その屋根とともに優雅なピンク色の壁も印象的で、現在でも抜群の存在感。アマゾンの街がゴム景気に沸いた時代の空気を今に伝えている。

ブラジル人画家による天井画はエッフェル塔を下から眺めたもの

左／随所で輝くシャンデリアはイタリアから輸入されたものを使っている
上／ライトアップされたピンクの壁と白の装飾が夜空に美しく浮かび上がる

1990年に改修工事を終え当時の美しさを取り戻した

📷 *Amazon Theatre*

アマゾナス劇場

ホテル ● ブラジル

◆ 住所 Avenida Eduardo Ribeiro, Centro, Manaus - AM, 69025-140
◆ 設立 1896年／収容人数 701席
◆ アクセス 最寄りのバス停から徒歩約5分

◆ 豆知識
アマゾナス劇場を主要会場にして、毎年春にアマゾナス・オペラ・フェスティバルが開かれる。これは南米を代表するオペラ・フェスで、2014年で18回を数える。国内外から出演者が集い、オペラの公演だけでなくクラシックコンサートなども期間中に実施。お祭りは約1か月半にわたって繰り広げられる。他にもアマゾナス劇場ではジャズフェスティバルや映画祭といった大きなイベントが開かれており、まさに経済特区として発展を続けるマウナスの文化の中心となっている。

サンパウロ市立劇場

（ブラジル／サンパウロ）

欧州の劇場に勝るとも劣らぬ豪華な造りも見もの

上／豪華な装飾のファサードを持つ劇場はサンパウロの旧市街・セントロにある
左下／バルコニー席とプロセニアム・アーチの間にオルガンが設置されている

**オープンの際には
2万人の市民が集まる**

南半球で最大の人口を誇る大都市・サンパウロの市立劇場は、1911年に完成したものだ。その当時コーヒー農園などで財を築いたブルジョワジー達が、本場ヨーロッパのような大規模なオペラを上演できる会場を望み、この劇場が誕生した。デザインはパリのガルニエ宮が参考にされており、彫刻、ステンドグラスや絵画といった調度品や資材の多くもヨーロッパから輸入された。約2万人が劇場に駆けつけたという柿落しには、アンブロワーズ・トマの「ハムレット」を上演。以来、サンパウロの主要劇場としての役割を担い続けている。また、オペラやバレエ以外にクラシックコンサートなども開かれ、ステージの両脇にはパイプオルガンも設置されている。

Municipal Theatre of São Paulo

◆ 住所 Praça Ramos de Azevedo, s/n - República, São Paulo - SP, 01037-010
◆ 設立 1911年／収容人数 1,580席
◆ アクセス 地下鉄アニャンガバウ駅から徒歩約4分

サンパウロ市立劇場

アニャンガバウ駅

◆ 豆知識
1922年、サンパウロ市民劇場で「近代芸術週間」というイベントが開かれた。画家や作家、音楽家、彫刻家ら様々なジャンルの芸術家や知識人が参加。前衛的な作品の発表や講演を行い、ヨーロッパの様式美に囚われた芸術界にノーを突きつけた。現在ではブラジルでの近代主義の始まりと位置づけられ、同国芸術界において重要なイベントとして知られている。

コロン劇場

（アルゼンチン／ブエノスアイレス）

世界随一の音響効果で大観衆を魅了

3,000人以上収容可能なゴージャスな歌劇場

世界に数ある劇場のなかでも飛び抜けた音響効果の素晴らしさで知られており、パリのガルニエ宮やミラノのスカラ座と並んで世界三大劇場のひとつにあげられるコロン劇場。現在の建物は2代目で、初代から場所を変え20年の歳月をかけて1908年に完成した。柿落しでは、ヴェルディの「アイーダ」が上演されている。ルネッサンス様式を軸にした折衷様式の建物は、館内に足を踏み入れると、彩りが美しい大理石や華やかなステンドグラスに圧倒される。アルゼンチンを代表する画家ラウル・ソルディによる天井画や巨大なシャンデリア、バルコニーから輝きを放つ金色の装飾などに囲まれた客席は、立ち見も加えると約3,000人以上を収容可能という大規模なものだ。

上／金の装飾に囲まれて、高級感ある赤い客席が並ぶ
左／ブエノスアイレスの中心部、16車線の大通り沿いに堂々と建つ

The Teatro Colón

ホルヘ・ニューベリー空港

コロン劇場
・
カサ・ロサダ

◆ 住所　Cerrito 628, Buenos Aires
◆ 設立　1908年／収容人数　2,487席
◆ アクセス　ホルヘ・ニューベリー空港からタクシー等で約10分

◆ 豆知識
コロン劇場は2006年から改修工事を行い、2010年5月24日に再オープンした。翌日はアルゼンチンの独立革命から200周年の記念日で、劇場がオープンしたのも1908年の5月25日だった。また、この劇場のオペラシーズンは3、4月頃に始まり、12月まで続く。欧州のオペラハウスとシーズンが大きく異なるため、世界的なオペラカンパニーや楽団が訪れやすいのもコロン劇場の魅力だ。

Opera House

シドニー・オペラハウス
（オーストラリア／シドニー）

シドニー・ハーバーに映える
20世紀を代表する名建築

14年をかけて誕生したオーストラリアのシンボル

シドニー・ハーバー沿いに建つヨットの帆のような姿のオペラハウス。完成までにはデザインの変更などもあり、予定を大幅に上回る14年の月日を要した。ようやく1973年に完成すると、オーストラリアを代表する観光名所に。歴史こそ浅いが、20世紀を代表する建築物として2007年には世界遺産に登録されている。館内は、外観とは一変して木材をふんだ

んに使用しているのが特徴だ。
オペラ・オーストラリアの本拠地で、2012年に同国出身のプリマ歌手の名が付けられたジョーン・サザーランド劇場は、暗めの色調の壁に囲まれるなかで、赤いウールが張られた白樺の椅子が明るく際立つ。その他に、世界最大の機械式パイプオルガンがあるコンサートホールなども設けられている。

ハーバー・ブリッジとともにシドニー・ハーバーに映る姿も美しい

光と音楽の祭典「ビビッド・シドニー」
では、オペラハウスも鮮やかに変身

左上／館内には木材をふんだんに
活用した空間が広がる
左下／設計はデンマークの建築家
ヨーン・ウッツォンによるもの

🎫 *Sydney Opera House*

シドニー・
オペラハウス

サーキュラー・キー駅

ワインヤード駅

マーティン・プレイス駅

◆ 住所 Bennelong Point, Sydney NSW 2000
◆ 設立 1973年／収容人数 1,507席（オペラホール）
◆ アクセス 鉄道サーキュラー・キー駅から徒歩
約8分

◆ 豆知識
毎日開かれているガイドツアーに
参加すれば、この施設の魅力によ
り迫ることができる。そのうち約
2時間のバックステージツアーは
朝7時開始と少々早起きが必要
だが、ステージやオーケストラ
ピット、控室などを見学でき、出
演者やスタッフ用の食堂で朝食が
提供される。運がよければリハー
サルなどに向かう出演者を垣間見
ることもあるという。また、オー
ソドックスなガイドツアーでは日
本語で行われるものも1日数回あ
り、こちらは30分かけて施設を
案内してもらえる。

アールデコ調の幾何学的な模様に包まれる劇場内

パンテージ・シアター

（アメリカ／ロサンゼルス）

◆ 住所 6233 Hollywood Blvd. Los Angeles, CA 90028
◆ 設立 1930年／収容人数 2,703席

アメリカ映画の殿堂から大規模ミュージカル劇場へと転身

映画ファン、演劇ファン双方に知られ、建築物としても貴重な劇場がハリウッドにある。それは、トーキー映画の出現でハリウッドの黄金期が始まろうとしていた1930年に誕生したパンテージ・シアターだ。

この劇場はボードビルショーと映画上映を行う劇場を北米各地に展開していた、ギリシャ系アメリカ人の興行主アレキサンダー・パンテージが建設。彼が建てた最後にして最大のステージを持つ劇場として知られ、エンパイア・ステート・ビルなどと同様にアールデコ様式をいち早く取り入れた建物でもある。

もともとは映画とボードビルショーの両方を楽しめる場としてオープンしたパンテージ・シアターだったが、大恐慌による財政難からショーが減少。その後数十年間は映画上映が営業の主軸となった。

この間で特に知られるのが、資産家ハワード・ヒューズが劇場を所有し、アカデミー賞の授賞式会場として使用された時代だ。1950年から1960年までのことで、1953年には初めてテレビ中継を実施。これを契機にアカデ

ミー賞はより大きなイベントへと成長し、パンテージ・シアターの名を広く世に知らしめた。1970年代後半に映画館としての歴史に終止符が打たれると、演劇がメインに。数々のブロードウェーミュージカルを上演し、ロサンゼルスを代表する劇場としてその名を轟かせることになった。

「ライオン・キング」の上演を控えた2000年には大規模な修復工事を実施し、完成当時の姿が取り戻されている。館内のそこかしこにアールデコの特徴である豪華な幾何学模様の装飾が施されており、特に見ものなのが客席上に設けられた二重天井。きらびやかなシャンデリアと装飾が幾何学模様を描き、その奥に青空のように鮮やかなもうひとつの天井が広がる様は実に圧巻だ。

また、「スタア誕生」や「ボディガード」といった有名な映画作品や、マイケル・ジャクソン「スリラー」のミュージックビデオが撮影された場所でもあり、ユニバーサル・スタジオ・ジャパンには、このシアターの外観を再現したセットも設けられている。

Part 4

アジアの劇場

Opera House

広州大劇院
〔中国／広州〕

黄金色に輝く
鍾乳洞のような
巨大ホールは圧巻

ザハ・ハディド設計の斬新さも見もの

広東省広州の新市街地に建設され、
2010年にオープンした国立のオペラ
ハウス。設計は、日本の新国立競技場
の設計でも知られるイラク出身でイギ
リス在住の女性建築家ザハ・ハディド
によるもの。その前衛的なデザインが
時に建築できないケースもあることか
ら「アンビルトの女王」とも呼ばれる
彼女の設計らしく、この劇場もユニー
クなフォルムになっている。目の前を
流れる珠江に2つの岩が洗われるとい
うアイデアから生まれた外観は、近未
来的な雰囲気にあふれ、幾何学的なフ
レームも特徴的だ。オペラホールの音
響設計は第一人者として知られるハロ
ルド・マーシャルが担当。流線型の天
井と壁に囲まれ、珍しいアシンメト
リーの造りになっている。

黄金色の劇場内は音響のよさに定評がある

星のように点在する照明もユニーク

明るいロビーは幾何学的なフレームが美しい

巨大な2つの物体が夜景に浮かび上がる

■ *Guangzhou Opera House*

📍 大劇院駅
広州大劇院

◆ 住所　1 Zhujiang West Rd, Tianhe, Guangzhou, Guangdong
◆ 設立　2010年／収容人数　1,804席（オペラホール）
◆ アクセス　地下鉄大劇院駅からすぐ

◆ 豆知識

劇場として中国最大級の規模を誇る広州大劇院。柿落し公演には、中国を舞台にしたオペラで、長らく国内で上演が禁止されていた時期もあったジャコモ・プッチーニ作の「トゥーランドット」が選ばれた。この時に指揮者を務めたのは、2014年に亡くなった巨匠ロリン・マゼールだ。以来、同劇場では、オペラをはじめ当地の伝統劇である広東オペラ、クラシック、バレエ、演劇、ダンスなど年間を通して国内外のアーティストによる幅広い公演が催されている。

Concert hall

中国国家大劇院

（中国／北京）

湖上に浮かぶ
島のような
複合文化施設

東京ドームをはるかに
凌ぐビッグエッグ

2007年に完成し、天安門広場周辺の歴史を感じさせる街並において、独特の存在感を放っている中国国家大劇院。広大な人工湖に囲まれたその姿は、湖上の真珠ともビッグエッグとも呼ばれている。東西に212メートル、南北に143メートルもの幅があり、面積は日本のビッグエッグこと東京ドームの2倍以上という巨大な施設だ。設計を担当したのは、シャルル・ド・ゴール国際空港ターミナルビルのデザインで知られるフランス人建築家ポール・アンドリュー。建物のコンセプトは「湖に浮かぶ文化の島」で、チタンとガラスで覆われた施設の内部には、国内最大のパイプオルガンが設置された音楽ホールをはじめ、オペラハウスや演劇ホールなどが設けられている。

上／巨大で美しい球体が人工湖に浮かぶように建つ
左／独特の皺模様の天井を持つ音楽ホールは木材もふんだんに使用

🇨🇳 *National Centre for the Performing Arts*

天安門西駅

人民
大会堂

中国国家
大劇院

◆ 住所 2 W Chang'an Ave, Xicheng, Beijing
◆ 設立 2007年／収容人数 2,017席（音楽ホール）
◆ アクセス 地下鉄天安門西駅から徒歩約7分

◆ 豆知識
人工湖の地下に設けられた通路から館内へ入ること
になるこの施設。エントランスには、江沢民元国家
主席が揮毫した「中国国家大劇院」の文字が掲げら
れている。建設発表時の国家主席でもあった彼は、
晩餐会で「オー・ソレ・ミオ」を歌うなど、かなり
の音楽好きとして知られる。施設の柿落しを前にお
忍びで訪問した際にも、その美声を披露したという。

ハルビン・オペラハウス

（中国／ハルビン）

広大な湿地に溶け込む流線型の新劇場

一般にも開放された屋外上部にはパフォーマンススペースが設けられ、展望台も兼ねている

雪の降る大地と調和する白さ

ロシアと国境を接する黒竜江省の省都でもある中国東北部の都市・ハルビン。東洋のモスクワとも称されるこの地に2015年末、ハルビン・オペラハウスは誕生した。松花江のほとりに広がる湿地公園に位置し、一帯で進められるハルビン・カルチュラル・アイランドプロジェクトの中心施設でもある。設計は北京を拠点とする新進気鋭のMADアーキテクツが担当。白のアルミパネルで覆われ、大きな開口部を持つ流線型の建物が、まるで丘陵のように周囲とシームレスに溶け込む。寒さが厳しい冬には一面が銀世界となり、その一体感がさらに高まることになる。自然との調和は館内にも見て取れ、大ホールはプロセニアムやバルコニーも含め、壁面に温かみのあるマンシュウトネリコを活用。天窓から光が差し込む場所もあり、外部の時間の流れと劇場空間をひとつに繋げている。

上／白が映えるロビースペースには自然光が豊かに降り注ぐ
左／木材に囲まれた大ホールはシンプルな素材と形状によって音響効果を高めている

▣ *Harbin Opera House*

ハルビン・オペラハウス

松花江

◆ 住所　Cultural Island, Harbin
◆ 設立　2015年／収容人数　約2000席
◆ アクセス　バス停「哈尔滨大剧院」から徒歩20
　分

◆ 豆知識

ハルビンはロシアの支配下だった1900年前後に急激に発展。音楽をはじめ西洋文化も流入した。ロシア革命後はメッテルら多数のロシア人音楽家がこの地へ亡命。彼らを中心とした交響楽団やオペラ劇団は来日公演を行い、日本人にも影響を与えた。また、満州国時代にはハルビン交響楽団が設立され、日本人の朝比奈隆が指揮者を務めている。

Theater

日生劇場
（日本／東京）

波打つ天井には2万枚の貝殻

村野藤吾が設計した宝石のような劇場

都会のオアシス・日比谷公園に面した日本生命日比谷ビルは、建築家村野藤吾の設計により1963年に完成。地下5階、地上8階のビル内にオフィスと劇場が共存する。花崗岩の万成石で覆われた外壁はバルコニーが規則的に並び、夜間はその奥のガラス窓から館内の灯りが漏れる。1階はピロティが採用され、長谷川路可が手がけた大理石モザイクが来場者を出迎える。劇場内は音響に配慮して曲面が多用され、天井は波を打つような独特の形状。硬質の石膏に2万枚もの貝殻が張られ、ガラスモザイクが施された側壁とともに幻想的な雰囲気を醸し出す。柿落とし公演はベルリン・ドイツ・オペラの「フィデリオ」。以来、オペラやミュージカルなど、数々の名作が世に送り出されている。併せて、舞台フォーラムやニッセイバックステージ賞を通じ、舞台技術者である「裏方」の育成・支援も行っている。

● *Nissay Theatre*

◆ 住所　東京都千代田区有楽町1-1-1
◆ 設立　1963年／収容人数　1334席
◆ アクセス　地下鉄日比谷駅A13出口から徒歩1分、JR有楽町駅から徒歩10分

◆ 豆知識
1964年には、日生劇場などへ全国の小学生を招待するミュージカル公演「ニッセイ名作劇場」がスタート。2014年には上演ジャンルを広げた「ニッセイ名作シリーズ」へと改められた。60年以上続くこの招待公演を観劇した子どもの数は累計で800万人以上にのぼる。

右／天井や側壁の曲面に囲まれ、観劇前から別世界へ誘われるかのよう
下／淡紅色の重厚感ある外観。周辺には帝国ホテルや東京宝塚劇場もある（写真提供：ニッセイ文化振興財団）

Theater

康楽館
（日本／秋田）

西洋の意匠が
和の芝居小屋と
融合

**明治時代から大切に
受け継がれた芝居小屋**

青森県と隣接する秋田県北東部にある小坂町。明治から大正にかけて銅などの採掘で栄えたこの町には、国の重要文化財にもなっている建物がある。ひとつが小坂鉱山事務所（1905年築）、そしてこの康楽館（1910年築）だ。鉱山の厚生施設として生まれた康楽館は、当時としては珍しい和洋折衷スタイルが特徴。外観は正面側がアメリカン木造ゴシック風で、側面へ回ると今度は純和風の壁面が姿を現す。館内は、桟敷や2本の花道、スッポン、廻り舞台といった江戸時代の様式を引き継ぐ造り。現在も稼働するろくろ仕掛けの廻り舞台は直径が9.73mあり、4人がかりで動かせる。明治時代のチューリップ型の電灯が残る天井は格縁の板張りで、こちらは洋の雰囲気を纏っている。大部屋2部屋、個室5部屋の楽屋に残された、歴代の出演者たちの落書きも見どころだ。

スッポン（切穴）のある花道や客席の上には洋風の天井が広がる

白基調の洋風の佇まいに館銘板がマッチする

● *Kourakukan*

康楽館

小坂駅

◆ 住所　秋田県鹿角郡小坂町小坂鉱山字松ノ下2番地
◆ 設立　1910年／収容人数　607席
◆ アクセス　JR花輪線 十和田南駅より路線バス 約25分

◆ 豆知識
例年、4月下旬から11月初旬にかけて常打芝居が行われ、約1ヶ月ごとにさまざまな劇団の公演が組まれている。芝居やショーをほぼ毎日楽しめ、劇場前の通りには華やかな幟が並ぶ。人気役者による歌舞伎公演も恒例となっており、廻り舞台など明治時代からの設備が今も活躍している。年間を通してガイド付きの館内見学も実施中だ。芝居・ショーの観覧及び見学は、事前の問合せ又はHPにて要確認。

嚴島神社 能舞台

（日本／広島）

ただひとつ、海上に建つ能舞台

下／潮が満ちると、海に浮かぶかのような姿に
左下／能舞台や能楽屋は朱塗りされておらず、朱色の回廊とのコントラストが際立つ

潮が満ち、神が宿る神聖な空間

社殿が瀬戸内海に迫り出し、潮の満ち引きによる表情の変化も人々を魅了する厳島神社。創建は593年と伝えられ、平清盛が現在につながる寝殿造りの姿に造営したとされる。常設の能舞台が誕生したのは1605年のことで、それに先駆け1568年には毛利元就が観世太夫宗節のために能の仮設舞台を用意した記録も残る。現在の能舞台は、1680年に建てられたもの。三方を回廊に囲まれ、能が奉納される際には、海上にも客席が仮設される。1991年には台風で倒壊したが、古材も活かして3年後に再建された。唯一無二の海に迫り出した能舞台であるため、造りには他の能舞台との違いも見られる。通常は足拍子を共鳴させるため床下に置かれる甕（かめ）が、この能舞台にはない。代わりに床板を下から支える根太の間隔を広げるなどして、共鳴効果を高めている。

● *Itsukushima Shrine*

不明門

本殿

能舞台

石鳥居

◆ 住所　広島県廿日市市宮島町1-1
◆ 設立　1680年
◆ アクセス　宮島口桟橋から連絡船で10分、宮島桟橋
　　で下車、徒歩15分

◆ 豆知識
厳島神社には能舞台より長い歴史を持つ国宝の高
舞台もあり、毎年4月に開かれる桃花祭では舞楽
が奉納される。その翌日から3日間、能舞台では
桃花祭御神能が奉納され、県内外から約400人の
能楽師が集まる。

Theater

脇町劇場 オデオン座

（日本／徳島）

1本の映画が劇場存続の救世主に

下／脇町劇場とオデオン座、2つの名が上下に並ぶ
左下／1階には花道や左右のうずら桟敷があり、2階にも50席分の桟敷が設けられている

パリ、セーヌ川の岸辺に建つ
「オデオン座」の名を持つ劇場

西洋モダンの外観が目をひくこの劇場がある脇町は、四国山地を流れる吉野川の中流域に位置している。もともとは城下町で、2つの街道が交わる交通の要衝でもあり、阿波藍や繭の集散地として発展を遂げた。劇場が建つのは、かつての繁栄を今に伝える「うだつの町並み」からほど近い場所。1934年に開館した当時の名は脇町劇場で、回り舞台や花道、うずら桟敷などを備え、歌舞伎や浪曲、歌謡ショーなどの公演が開かれた。時代の変化に伴い、映画館へと転用されていたが、1995年に閉館。取り壊しが予定されていたところ、山田洋次監督『虹をつかむ男』（1996年末公開）に映画館「オデオン座」として登場したことで運命が一変。復活への機運が高まり、完成当時の姿への修復を経て1999年からは「脇町劇場 オデオン座」として再び歴史を刻んでいる。

166

Odeonza

◆ 住所　徳島県美馬市脇町大字猪尻字西分140-1
◆ 設立　1934年／収容人数　176席
◆ アクセス　JR徳島線 穴吹駅から車で8分

◆ 豆知識
映画『虹をつかむ男』は、1996年夏に渥美清が急逝したことを受け、「男はつらいよ」に代わる正月映画として制作された。作品の中心は古びた映画館・オデオン座。映画をこよなく愛する館主を西田敏行、東京・柴又からきたアルバイトの若者を吉岡秀隆が演じた。山田洋次監督は脇町劇場 オデオン座の名誉館長にも就任している。

オデオン座

脇町潜水橋

旧金毘羅
大芝居
（金丸座）

（日本／香川）

歌舞伎役者も魅了した
歴史ある芝居小屋

**参詣客から愛された
現存する日本最古の芝居小屋**

「こんぴらさん」として地元の人々に
親しまれてきた香川の金刀比羅宮。そ
の門前町には祭礼のたびに仮設の芝居
小屋が登場していたが、1835年に完
成した常設小屋が、現存する日本最古
の芝居小屋でもある金毘羅大芝居だ。
道頓堀の大西芝居を模して建てられ、
総檜づくりの舞台や廻り舞台、セリ、
明り窓、空井戸といった設備が揃う。
大都市に引けを取らない芝居小屋とし
て名だたる役者たちが出演した時代も
あったが、興行の衰退に伴ってその役
目を終えることに。しかし、保存を望
む声が高まり、1970年には国の重要
文化財に指定。1976年に完了した大
修復時に、現在の場所へ移転した。伝
統の様式が色濃く残るこの小屋での公
演を中村吉右衛門らが熱望し、1985
年には「四国こんぴら歌舞伎大芝居」
がスタート。今では公演前日のお練り
も含め、春の風物詩となっている。

金刀比羅宮別当金光院に
よって建てられ、もともと
は富くじの開札所でもあっ
た

平成の大改修により、竹が格子状に組まれたブドウ棚が
客席上に設けられた

● *Kanamaruza*

琴平駅

金刀比羅宮 ●

旧金毘羅
大芝居

◆ 住所　香川県仲多度郡琴平町1241
◆ 設立　1835年／収容人数　740席
◆ アクセス　JR琴平駅から徒歩20分

◆ 豆知識
2003年の平成の大改修では、構造を補強するととも
に、客席内にあった4本の柱を撤去するなど、江戸
時代の姿に近づけられた。前年の調査で、客席上の
梁に紙吹雪を降らすためのブドウ棚やかけすじ（宙
乗り装置）の痕跡を発見したことから、これらも追
加。『四国こんぴら歌舞伎大芝居』でも、演目によっ
てはかけすじを使った宙乗りが披露されている。

Theater

内子座
（日本／愛媛）

町の有志が建てた娯楽の殿堂

瓦葺き入母屋造りの本格的な芝居小屋

県都・松山と古都・大洲を結ぶ大洲街道沿いにある内子町は、脇町と同様に伝統的な町並みでも知られる。木蝋や生糸の生産で栄えたこの地に、大正天皇の即位を祝って内子座が建てられたのは1916年のこと。町の有志が町民の娯楽のために費用を出し合い、本格的な芝居小屋が完成した。外観は左右対称の正面性を強調したもので、廻り舞台や花道、東西の桟敷などを備える館内

に、多用されたガラス窓から光が降り注ぐ。柿落としは人形浄瑠璃で、歌舞伎や文楽、落語などが催されていたが、戦後間もなく映画館に。桝席は椅子席に姿を変え、その後は商工会館として使われた時期もあった。1982年に商工会から内子町に寄付され、1985年に復原が完了。2015年には国の重要文化財に指定された。1995年に始まった内子座文楽は夏の恒例行事となっている。

● *Uchikoza*

◆ 住所　愛媛県喜多郡内子町内子2102番地
◆ 設立　1916年／収容人数 650席
◆ アクセス　内子駅から徒歩10分

◇ 豆知識

国の重要文化財に指定された2015年は、俳優・ダンサーの森山未來さんら3人のアーティストによる公演も話題になった。内子町で1ヶ月間滞在しながら、太宰治の「駆込み訴え」をベースにした「Judas, Christ with Soy（ユダ、キリスト ウィズ ソイ）」を創作。3度行われた公演は立ち見も出るほどで、延べ1500人の観客が集まった。

大正当時の雰囲気を取り戻した館内。舞台下手には効果音を演奏する黒御簾もある

左右には切妻造りの突出部が設けられている

近代的な要素も垣間見え
る左右対称の正面。屋根
の上部には太鼓櫓がある

嘉穂劇場

（日本／福岡）

再開が待たれる大衆演劇の殿堂

江戸時代の歌舞伎様式を伝える愛される場所

国内有数の炭田として近代化を支えた福岡・筑豊地域。地域の人々のために娯楽を提供する芝居小屋も次々建てられ、全盛期には遠賀川流域に50近くを数えた。そのなかで唯一残るのが嘉穂劇場で、前身の中座が台風で倒壊した翌年の1931年に完成した。館内は、10間の間口がある巨大な梁によって柱がない広々とした空間を実現。直径16メートルの廻り舞台や東西の花道も設けられている。炭鉱の衰退で公演数が減るなかでも、座長たちが競演

する全国座長大会の場となるなど、大衆演劇の殿堂としても知られる。2003年には集中豪雨により大きな被害を受けたものの、多数の俳優や芸能人からの支援もあって翌年に復活。2006年には国の登録有形文化財に登録された。長らく民間の手で運営されていたが、2021年に休館となり、同年に飯塚市へ譲渡され、再開へ協議が進められている。再開に向けたクラウドファンディングでは、目標額をはるかに超える5億円以上の寄付が寄せられた。

● *Kahogekijo*

遠賀川
嘉穂劇場
穂波川

◆ 住所　福岡県飯塚市飯塚5番23号
◆ 設立　1931年／収容人数　1200席
◆ アクセス　JR飯塚駅から徒歩15分

◆ 豆知識

歌舞伎や大衆演劇に加え、美空ひばりや山口百恵ら時代を彩った人気歌手も嘉穂劇場で公演している。2000年7月には、飯塚市の近隣、福岡市出身の椎名林檎が一夜限定のプレミアムライブを開催。バンドメンバーともども和装で登場し、熱演でファンを沸かせた。デビュー10周年を迎えた2008年には、DVD作品化もされている。

下／小屋組にトラス形式を採用することで客席には柱がなく、最大で1200人を収容する
右上／休館中だが、劇場の姿はインターネットからも3Dパノラマビューで観覧できる
右下／入口に並ぶ公演の看板が華やか

173

ライトアップされた外観が美しい

南座のシンボル「大提灯」（写真左）は、顔見世のたびに新調される（令和5年「吉例顔見世興行」より）

写真提供：松竹株式会社

南座
（日本／京都）

◆ 住所　京都市東山区四条大橋東詰
◆ 設立　江戸時代初期
◆ 収容人数　1082席（うち桟敷席が60席）

日本最古の劇場　南座の歴史

　日本を代表する伝統芸能・歌舞伎。その発祥の地である京都に、日本最古の歴史を持つ劇場がある。四条河原のたもとに建つ南座で、毎年師走に行われる「吉例顔見世興行」は、京都の冬の風物詩。正面には役者の名が書かれたまねき看板がずらりと並ぶ。視線をその上部へ移すと、南座の象徴であり、400年にわたる歴史を物語る櫓を確認できる。

　歌舞伎の創始者とされる出雲の阿国が、京都の市中でかぶき踊りを披露したのは、江戸時代の始まりでもある1603年のこと。流行していたややこ踊りをもとに、奇抜な格好をした傾奇者に男装して舞ったものだった。やがて阿国を真似た女歌舞伎が人気となり、四条河原にも芝居小屋が並んだという。当時の小屋は能の舞台に倣ったもので、客席は屋外にあった。南座のルーツも、この頃にあるとされる。賑わいを見せた芝居小屋だったが、女歌舞伎やそれに代わる若衆歌舞伎の禁止など、幕府からの圧力がかかり、興行の場も制限された。京都では、元和年間（1615〜23年）に京都所司代の板倉勝重によって、四条河原かいわいの7つの芝居小屋に興行の許可が

出されている。そのひとつが現在の南座で、官許の目印として掲げられたのが櫓だった。

　その後、演劇としての歌舞伎が成熟していくなかで、芝居小屋も変貌を遂げる。18世紀初めには全体が屋根で覆われた小屋が登場。花道や迫り、廻り舞台が誕生するなど、舞台機構も演出も進化していった。のちに海外でも採用される廻り舞台は、狂言作者の並木正三が考案し、18世紀中頃に大坂で初お目見えしている。

　一方、7つあった京都の櫓は火災による消失などで減少。19世紀前半には四条通の南北に1座ずつ、南側芝居と北側芝居を残すのみに。その立地から南側芝居は南座と呼ばれるようになり、1893年に北側芝居が取り壊されたことで、唯一残った櫓となった。現在の南座は、桃山風の意匠を取り入れた鉄筋コンクリート造りの近代建築で、1929年に完成した。折り上げ格天井や他にはない舞台上方の唐破風などの伝統美も見もので、平成の2度の改修などによって廻り舞台や迫りといった舞台機構もハイテク化した。唐破風は客席に屋根がなかった時代の名残でもあり、櫓とともに南座の歴史を感じさせる。

カバー写真
ウィーン楽友協会　Alamy/アフロ

本文写真

世界の美しい劇場を
1冊で巡る旅

2024年4月2日　初版第1刷発行

発行者　三輪浩之
発行所　株式会社エクスナレッジ
　　　　〒106-0032　東京都港区六本木7-2-26
　　　　https://www.xknowledge.co.jp

問合せ先　編集　TEL：03-3403-1381
　　　　　　　　Fax：03-3403-1345
　　　　　　　　info@xknowledge.co.jp
　　　　　販売　TEL：03-3403-1321
　　　　　　　　Fax：03-3403-1829